《中华人民共和国核安全法》100问

编委会

《中华人民共和国核安全法》100问编写组 / 编

《中华人民共和国核安全法》100问

ZHONGHUA RENMIN GONGHEGUO HEANQUAN FA

100 WEN

中国环境出版集团·北京

图书在版编目（CIP）数据

《中华人民共和国核安全法》100 问 /《〈中华人民共和国核安全法〉100 问》编写组编 . -- 北京 : 中国环境出版集团 , 2020.5

ISBN 978-7-5111-4326-6

Ⅰ . ①中… Ⅱ . ①中… Ⅲ . ①核安全—安全法规—中国—问题解答 Ⅳ . ① D922.545

中国版本图书馆 CIP 数据核字 (2020) 第 061074 号

出 版 人 武德凯
责任编辑 宾银平　葛　莉
责任校对 任　丽
装帧设计 彭　杉

出版发行 中国环境出版集团
（100062 北京市东城区广渠门内大街 16 号）
网　　址：http://www.cesp.com.cn
电子邮箱：bjgl@cesp.com.cn
联系电话：010-67112765（编辑管理部）
010-67113412（第二分社）
发行热线：010-67125803，010-67113405（传真）

印　　刷 北京中科印刷有限公司
经　　销 各地新华书店
版　　次 2020 年 5 月第 1 版
印　　次 2020 年 5 月第 1 次印刷
开　　本 880×1230 1/32
印　　张 4.5
字　　数 120 千字
定　　价 20.00 元

前 言

核安全是国家安全的重要组成部分，事关国家安危、人民健康、社会稳定和经济的可持续发展，必须确保万无一失。《中华人民共和国核安全法》（以下简称核安全法）于 2018 年 1 月 1 日正式实施，这是落实习近平主席提出的理性、协调、并进核安全观的重大成果，也是在具体领域实现我国依法治国方略的重要实践。为了做好法律的实施，生态环境部（国家核安全局）将 2018 年定为核安全法实施年，开展了系列普法活动。

在核安全法宣贯过程中，我们感到不同的人群有不同的理解难点。广大核行业从业者具备一定的核科学技术专业知识，但对于核安全法体现出的管理体系框架和法律制度安排缺乏深入了解；广大法律界人士往往具备较好的行政法学基础，但对于法律调整的对象所衍生的技术术语存在一定程度的理解困难；同时，还有感兴趣的公众希望通过核安全法来了解我国核安全的管理体系和方法。此外，核安全法的立法过程，也是我国相关政府部门、企事业单位对核安全问题再认识的过程，其中不乏一些新理念、新要求、新提法、新安排，需要立法参与者结合立法过程的理解予以解读。

为了帮助读者深入理解核安全法，生态环境部东北核与辐射安全监督站联合辽宁红沿河核电有限公司组成了编写组，编写了《〈中华人民共和国核安全法〉100问》，采用问答的形式对法律进行解析，希望能够为广大核行业工作者更好地理解核安全法提供参考，为具备法律专业知识的人士及感兴趣的公众提供核安全管理和技术方面的素材，也希望能够尽可能地记录立法进程中的一些考虑及论证事项。

作为一本问答形式的读物，设计好问题至关重要。为此，编写组向东北辖区的两家核电营运单位——辽宁红沿河核电有限公司和中核辽宁核电有限公司开展了问题征集活动，得到了各方的积极反馈。两家单位共提交问题300余个，内容十分广泛，既涉及对法律的总体理解，也涉及对具体法条的解读，既涉及对核安全领域技术要求的掌控，也包括对国家政府层面管理要求的把握，还有个别问题体现了问题提出者由于个人认识所限对核安全提出的质疑和不解。问题提得都不简单，有的切中了核安全法立法中的重点、难点问题，有的则直指立法中刻意回避的模糊地带，并不能轻而易举地予以回答。由于问题的提出方不仅包括核设施的建造、运行和管理人员，也包括法律顾问、财务人员、党建工作者、文档管理员等，编写组认为，这些问题基本代表了社会各界对核安全法的疑问。

编写组十分重视所提出的问题，对其进行了认真筛选、修改和合并，经咨询行业专家，最终确定了非常具有代表性的101个问题。在编写问题回答的过程中，编写组查阅了大量资料，着重于对问题开展辨析和理解，避免简单、武断的回答。这样做是有原因的，一方面，世界上的万物是复杂的，尤其是核能的开发和利用对于人类来说还是新的课题，很多问题悬而未决，对其开展一定层面的探究和讨论，不仅是可行的，也是必要的；另一方面，则是由于编者水平浅薄，专业范围不够全面，所查询的资料也较为有限。尽管如此，编写组认为只要能够为读者带来思考的线索和探究的入口，就是值得尝试的有益举动，这也是敢于将本读物付印的最主要的理由。其中有错误在所难免，希望读者进行批判性阅读，并给予批评指正。

在此，向为本书编写做出贡献的专家表示感谢，特别是程理、常向东、程建秀等几位同志，他们为本书的编写提供了非常宝贵的意见。

冯建平

2020年4月

目　录

38. 核安全法第二十六条规定“核设施建造许可证的有效期不得超过十年。有效期届满，需要延期建造的，应当报国务院核安全监督管理部门审查批准。但是，有下列情形之一且经评估不存在安全风险的除外：（一）国家政策或者行为导致核设施延期建造；（二）用于科学研究的核设施；（三）用于工程示范的核设施；（四）用于乏燃料后处理的核设施”，为何以上四类情况可不受建造许可证有效期十年的限制？ /53

39. 核安全法第二十七条规定“核设施营运单位取得核设施运行许可证后，应当按照许可证的规定运行”，请问所有的核设施都需要申请许可证吗？ /54

40. 不同的核设施的安全特性不同，核安全法中却不做区分，发放了同类的许可证。请问在审评和发放核安全许可证时，是否应该按照核设施的不同种类区别对待？ /55

41. 核安全法第二十八条规定“核设施运行许可证有效期届满需要继续运行的，核设施营运单位应当于有效期届满前五年，向国务院核安全监督管理部门提出延期申请，并对其是否符合核安全标准进行论证、验证，经审查批准后，方可继续运行”，请问许可证的延期论证的依据是什么？提出延期申请时，要提供哪些资料或报告？ /58

42. 核安全法第二十八条规定“核设施运行许可证有效期届满需要继续运行的，核设施营运单位应当于有效期届满前五年，向国务院核安全监督管理部门提出延期申请，并对其是否符合核安全标准进行论证、验证，经审查批准后，方可继续运行”，核设施营运单位对核设施的论证、验证，是否应该委托第三方机构或非利益相关方进行？ /59

43. 核安全法并未规定要对核电厂首次装料批准书进行许可，但按照《中华人民共和国放射性污染防治法》需要对核设施装料活动进行审批，如何执行？ /60

1 《中华人民共和国核安全法》（以下简称核安全法）第一条规定“为了保障核安全，预防与应对核事故，安全利用核能，保护公众和从业人员的安全与健康，保护生态环境，促进经济社会可持续发展，制定本法”，将“公众”与“从业人员”区分，是否表明公众和从业人员的安全与健康的标准有所不同?

核能被广泛应用于人类的生产、科研、医疗等活动领域，为人类认识自然、改造自然增添了新手段。作为一种能量形式，核能也会给人们带来潜在风险，必须严加防范。从法律意义来看，无论是公众还是从业人员，都是包括核安全法在内的核安全法律法规的权利主体。

从事放射源或放射性物质的生产和使用，从事与核能发电相关的核燃料循环产业活动（包括处理核电厂使用或产生的核材料或放射性物质），以及对上述活动开展一定形式的控制和管理，都属于核活动。从业人员主要是指从事上述几类活动的人员。[①] 从业人员是主动接触电离辐射，并且从中获得经济收益的人员，这与公众被动接触电离辐射是不同的。因而，二者在安全的标准和防护的要求上是不同的。在法律法规和技术标准上，对上述两类人群开展区别对待是合适的。

《电离辐射防护与辐射源安全基本标准》（GB 18871—2002）规定：从业人员连续 5 年的年平均有效剂量不超过 20 mSv；公众的年有效剂量不超过 1 mSv。以上可以看出，公众的年有效剂量限值大大低于从业人员的年有效剂量限值。以下列举了公众日常活

① 《电离辐射防护与辐射源安全基本标准》（GB 18871—2002）。

动所受辐射剂量值：

a）胸透一次大约 1.1 mSv；

b）胸片一次剂量 0.2 mSv；

c）头颅 CT 2 mSv；

d）胸部 CT 8 mSv；

e）腹部 CT 10 mSv；

f）骨盆 CT 10 mSv；

g）公众年剂量限值 1 mSv；

h）乘坐飞机 20 h 的剂量 0.1 mSv；

i）每天吸 20 支烟年剂量 0.5 ～ 2 mSv；

j）地铁安检乘客每年可能接受剂量＜ 0.01 mSv。

2 核安全法第二条中给出了“核设施”“核材料”“放射性废物”的定义，这三个定义为什么没有放到第九十三条中与其他术语一起给出？

核安全法是一部专业性较强的法律，为了确保法律文本易于理解，立法者对部分专业术语给出了名词解释，主要放在第九十三条“术语解释”部分。综观整部法律内容，我们会发现“核设施”“核材料”“放射性废物”这三个名词术语与其他名词有所不同：它们既是专业术语，需要予以解释回答，否则不容易理解，同时，它们又是本法的调整客体，多次在法律各个条文中反复出现。在第二条中给出三个词语的名词解释，主要是为了明确本法的调整范围，同时，也可以先行给出重要的概念，为从前向后阅读法律文本提供方便。

需要指出的是，从国际上看，大多数国家核安全立法的主流都是将名词解释置于法律文本的最前面，先给出重要概念，强调法律文本中的概念与日常概念的差别，以方便读者更直观的理解。

3 核安全法第二条中给出了核设施、核材料和放射性废物的定义，请问本法中的上述定义与通常意义上的核设施、核材料和放射性废物的概念有何不同？

法律是一种对人与人之间权利义务关系作出强制规定的规范性文件，法律的有效性必须植根于法律条款所规定情形的确定性，从而为人的权利义务关系提供可预见的行为规定。为此，法律条文表述必须是清晰而具体的。不同的法律通常有不同的调整对象，它们通常以法律定义的形式在法律中给出。这些法律定义必须以社会广泛认同的同名概念为基础，并尽可能做到与之相一致；同时，由于概念的周延性考虑，其概念的内涵会有不同程度的调整。一个典型的例子就是 2005 年实施的公务员法，其公务员的定义为“依法履行公职、纳入国家行政编制、由国家财政负担工资福利的工作人员”[①]。按照此定义，法官、检察官以及各级党组织的工作人员这些并不属于通常意义上的公务员的人员，也被纳入公务员体系。

核安全法也有着同样的考虑：一方面，核安全法中概念内涵的主体部分是与社会的普遍认知相一致的；另一方面，这些概念内涵的边界又由于立法的需要而做适当的调整。在此，列举如下：

① 《中华人民共和国公务员法》第二条。

（1）有关核安全的概念。

核安全法中的核安全概念是在第二条中以隐含的方式给出，它提到“防止由于……人为原因……造成核事故”，包含了两层意思，一是防止由于人因失误和设备失效产生核事故，这是通常意义上的核安全概念；二是防止出于人的主观恶意对核设施、核材料实施的偷盗、侵入、挟持、破坏所造成的核事故，这是通常意义上的核安保的概念。这样的概念体系设计，首先是立法的需要，从我国的立法资源和立法需求上看，做不到，也不必要就上述的两层意思进行分列立法；其次也是顺从我国汉语语境下核安全概念的需要，汉语中的核安全就是包含了两层意思的（这种情况在世界各国中也不少见，如西班牙语中的核安全概念也是如此），如习近平主席在2014年海牙核安全峰会上提出的核安全观，就是立足于集合上述两层意思的总体的核安全概念。

（2）有关核设施的概念。

首先，世界各国的核安全立法中的核设施概念普遍都包含了核电厂、研究堆、核材料的加工和处理设施等，以上三项构成了核设施概念的主体部分。

其次，不同的法律文件对上述的概念主体部分做了不同程度调整，如法国的《核安全与透明法案》将粒子加速器列为核设施；又如国际原子能机构框架下的《核安全公约》将核设施简单定义为核动力厂（核电厂）；再如国际原子能机构的《核材料、核设施实物保护公约》将核设施定义为“生产、加工、使用、处理、贮存或处置核材料的设施，包括相关建筑物和设备，这种设施若遭受破坏或干扰可能导致显著量辐射或放射性物质的释放”；还如国际原子能机构的《乏燃料与放射性废物管理联合公约》将核设施定义为“生产、加工、使用、贮存或处理放射性物质的设施及其附属的土地、厂房和设备”。

总体而言，核安全法第二条给出的核设施的概念，是在立足国际国内不同法律文件的核心内容的基础上，考虑我国核安全监管工作需要所提出的，内容明确具体，具备良好的法律权威性和科学性。

（3）有关核材料的概念。

核材料的概念是在核科技的进步中不断演变和发展的技术概念，随着世界各国对核安全立法实践的普遍化，逐渐演变为法律概念。因为其脱胎于技术概念，便始终具有明确的技术内涵；因为其具备法律概念的性质，便依不同国别背景而有所不同。

核材料的概念最早来源于美国1946年的《原子能法》。该法虽然并没有直接给出核材料的定义，但将法律管制的材料范围明确为三类：裂变材料（fissionable material）、源材料（source material）、副产品（by-product material）。以上三类材料均明确为核裂变材料或与核裂变相关的材料，主要涉及铀、钍、钚等核素。此后美国所制定的核法律中的核材料概念均依照该惯例未做变更。

国际原子能机构所制定的系列文件中，也明显呈现出美国主导的痕迹。例如，《不扩散核武器公约》的核心条款（第三条第二款）是各国均不得在无保障约束的条件下向外提供“源材料或特殊裂变材料”（source or special fissionable material）；又如国际原子能机构的《核安全术语》中，也是将核材料定位为裂变材料[①]。

美国作为世界核能技术研发的先驱者，其影响力是巨大的。世界各国在制定核法律时，或多或少都会受到美国立场的影响。例如，英国就完全接受了美国对核材料的定义[②]。日本和韩国则参考美国作了变通，不约而同地将核材料分为“核燃料”（nuclear fuel material）和“核源材料”（nuclear source material）[③,④]。我国台湾地区则将核材料分为原子燃料和核子原料，其内涵与日本、韩国相同。值得注意的是，俄罗斯也将核材料的概念定位于裂变材料[⑤]。芬兰在其《核安保监管控制条例》中[⑥]，规定了核材料（nuclear material）为铀、钍、钚等裂变材料。

鉴于国际原子能机构在核能与核技术利用方面的广泛影响力，加之美国、日本、韩国、俄罗斯等在核能与核技术利用规模上的压倒性优势，不得不说将核材料定位为裂变材料的做法占据了国际社会的主流。有主流就会有支流，也有一些国家的实践，为我们带来新的思考角度。

加拿大《原子能法》[⑦]中，不使用核材料（nuclear material）的概念，而是采用了核物质（nuclear substance）的概念，其内涵也

---

① Iaea Safety Glossary Terminology Used in Nuclear Safety and Radiation Protection 2016 Revision，p.115.

② http：//www.onr.org.uk/safeguards/what.htm.

③ Atomic Energy Basic Act（Act No.186 of 1955）Latest Revision：Act No. 155 of December 3，2004.

④ Atomic Energy Act of Republic of Korea，2003.

⑤ Russian Federation Federal Law on the Use of Atomic Energy，Adopted by the State Duma on 20 October 1995.

⑥ Regulatory Control of Nuclear Safeguards，15.11.2013.

⑦ Nuclear Safety and Control Act，S.C. 1997，C.9.

更加广泛：除了裂变材料外，另外还加入了氘和元素周期表中 92 号以后的所有元素。值得关注的是，氚并未被该法列入核材料中。

印度的《原子能法》[①] 中，涉及核材料相关的概念有两个，其一是“裂变材料”（fissile material）；其二是“指定材料”（prescribed substance），意指受到管制的材料，其中不仅包含铀、钚、钍等裂变材料，还包含氘、铍两类聚变相关材料。值得关注的是，氚并未列入核材料中。

经过上述列举，我们可以得出结论：

国际上对核材料的定义主要有两类：一类是主流的狭义核材料定义，以美国为代表，以国际原子能机构为平台，只将裂变材料及其制品列入核材料的范畴加以管理，而不包括聚变材料；另一类是较为偏门的广义核材料定义，少数国家将聚变材料及其制品也列入核材料范畴加以管控。值得注意的是，除我国外，世界上将聚变材料纳入核材料进行管控的，都对定义的名称进行了内涵扩大化处理，如加拿大的“核物质”和印度的“指定材料”等；而我国是唯一将聚变材料直接定义为核材料的国家。更加值得关注的是，我国定义为核材料的锂 -6 属于稳定同位素，其天然丰度为 7.42%，这种锂 -6 同位素在日益广泛应用的锂电池中大量存在，失去了管控的必要和可能。

在生产实践中，由于我国将氘、氚和锂 -6 纳入了核材料管制范围，为我国国内生产、销售和使用这些元素造成了一定障碍，有关企事业单位不得不花高价到不需要管制的国际市场去购买相关产品。一方面造成了我国科研活动的不必要限制，另一方面也

① The Atomic Energy Act，1962 No. 33 of 1962.

浪费了管理资源，还造成了管理权威性的削弱。

为此，在核安全法立法过程中，有专家呼吁不应将氘、氚和锂-6等聚变核材料明确纳入调整范围，为此立法者做了大量论证工作，将以往相关法规中的核材料定义表述做了修改。一方面，仍旧体现对裂变材料的管控要求，同时，也通过“（四）法律、行政法规规定的其他需要管制的核材料”中留有对聚变材料管控的余地，实践中若需对聚变材料进行管制，仍可按相关规定执行；另一方面，核材料的概念表述有了一定的变化，体现了我国拟对核材料概念进行调整的姿态。

4 核安全法第二条规定核安全的目的是“防止由于技术原因、人为原因或者自然灾害造成核事故，最大限度减轻核事故情况下的放射性后果的活动”，请问迄今为止全球发生过什么样的核事故？其影响如何？

核能的开发和利用与其他工业领域一样，也会发生大大小小的事故，造成经济的损失和人员的伤亡。本法所称的核事故是指核设施内的核燃料、放射性产物、放射性废物或者进出核设施的核材料所发生的放射性、毒害性、爆炸性或者其他危害性事故，包括独立事故也包括一系列事故。核事故与一般工业事故一样，都可能造成人民生命财产损失及环境的污染。

世界核工业发展至今，发生过多起核事故，有些核事故给人的心理造成重大影响，带来了严重的财产损失，成为历史性灾难。据相关资料统计，自 1952 年至 2009 年，全球发生的导致人员伤亡或超过5万美元以上财产损失的核事故共计99起[1,2]。自1986年切尔诺贝利核事故发生后，全球共发生了56起核事故[3]。其中，影响比较大的有：

（1）美国三哩岛核电站事故。

1979年3月28日，美国三哩岛核电站2号反应堆由于设备可靠性问题和人因失误导致部分堆芯融化，事故中安全壳发挥了包容作用，释放至环境的放射性总量不多。尽管此次事故并没有造成人员伤亡，但却是美国历史上最为严重的核事故。

（2）苏联切尔诺贝利核事故。

切尔诺贝利核事故被称为历史上最严重的核灾难。1986年4月26日凌晨，位于苏联乌克兰加盟共和国首府基辅以北130 km处的切尔诺贝利核电站第4号反应堆，由于设计缺陷和人因失误，相继发生两次蒸汽爆炸（间隔2～3 s），浓烟烈火直冲天空，高达1 000多米。火花溅落在反应堆厂房、汽轮机厂房建筑物屋顶，引起着火。同时由于油管损坏、电缆短路以及来自反应堆的强烈热辐射，引起附近区域30多处大火。事故期间，释放出的放射性量约为12×10^{18}Bq，其中包括（6～7）$\times10^{18}$Bq的惰性气体。有237名职业人员受到有临床效应的超剂量辐照。其中134人呈现急性辐照病症状。当中28人在3个月内死亡，另外2名工作人员在爆炸事故中直接致死。事故还造成了数十万人遭受严重的放射性

---

① B.K.Sovacool，A Preliminary Assessment of Major Energy Accidents，1907–2007， Energy Policy 36（2008），pp. 1802–1820.

② B.K.Sovacool，The Accidental Century–Prominent Energy Accidents in the Last 100 Years.

③ B.K.Sovacool，Nuclear Power and Renewable Electricity in Asia，Journal of Contemporary Asia，Vol.40，No.3，August 2010，pp.393–400.

照射。

（3）日本福岛核事故。

2011 年 3 月 11 日 14 点 46 分，在日本东北太平洋地区发生 9.0 级地震，地震引发的海啸冲击了距离震中附近的福岛第一核电厂，致使其为反应堆提供冷却的交流电源全部丧失，1 号、2 号、3 号机组反应堆发生堆芯燃料融化，产生的氢气发生爆炸。据各类文献估计，福岛核事故释放到大气中的氙 -133（^{133}Xe）为（6 000 ～ 12 000）$\times 10^{15}$Bq，碘 -131（^{131}I）为（100 ～ 400）$\times 10^{15}$Bq，铯 -137（^{137}Cs）为（7 ～ 20）$\times 10^{15}$Bq。放射性物质释放总量约为切尔诺贝利事故释放量的 1/10。

为了方便对核事故进行描述，国际原子能机构（IAEA）于 1990 年制定了国际核事故分级表（INES），设定了通用的事故分级标准。核事故分为 7 级，最低级别为 1 级核事故，最高级别为 7 级核事故，级别越高，危害越大，类似于地震级别划分的序列。上述三起核事故分属于 5 级、7 级、7 级核事故。

5 核安全法第二条规定“放射性废物，是指核设施运行、退役产生的，含有放射性核素或者被放射性核素污染，其浓度或者比活度大于国家确定的清洁解控水平，预期不再使用的废弃物”，放射性废物与乏燃料的关系与区别有哪些?

放射性废物有的来源于放射源的生产和使用过程，有的来源于核燃料采冶、加工、后处理过程，有的来源于核反应堆的运行过程。

乏燃料是指在反应堆堆芯内受过辐照并从堆芯永久卸出的核燃料。乏燃料中包含有大量的放射性元素，因此具有放射性，如果不加以妥善处理，会严重影响环境，影响人们的身体健康。与放射性废物不同，乏燃料中含有大量未烧完的和新生成的易裂变材料，如钚-239、铀-235或铀-233等，可以加以利用。由于对乏燃料开展后处理并加以利用存在一定难度，有的国家就决定采取“一次通过”的方案，不对乏燃料开展再利用。这样，乏燃料就成了废物。

包括我国在内的多个核电国家（如法国、日本、俄罗斯等）均把乏燃料作为一种资源，建立起了闭式燃料循环体系，对乏燃料开展后处理，力图将其中的钚-239和铀-233分离出来，制成钚铀混合氧化物（MOX）燃料，以提高铀资源的利用率。

简言之，乏燃料是一种资源，不是废物。

6 核安全法第二条规定核设施包括“（四）放射性废物的处理、贮存、处置设施”，请问放射性废物的处理具体包括哪些操作?

放射性废物的“处理”是指为了安全、经济地进行放射性废物最终处置而预先进行的改变放射性废物的物理和化学状态的操作过程，包括收集、浓缩减容、固化等。具体如下：

（1）放射性废物的收集。在各种放射性废物的产生场所就地分类收集，以不同的接受方式和输送设备将各种废物分门别类集中到暂时贮存设施中。分类收集是为了便于用不同的方法分别进行处理和处置。通常首先将废物按其物理状态分成液体、固体和气体废物，还可进一步按废物比活度（或放射性浓度）分成高、中、低放射性水平的废物，简称高、中、低放废物。对某些特殊放射性核素也应单独分类收集，如含氚废物、超铀废物等。对固体废物还可划分为可燃废物、不可燃废物、可压缩废物等。

（2）放射性废物的减容。对放射性废液采用浓缩减容，有絮凝沉淀、离子交换、吸附、蒸发等方法。根据废液的比活度、化学组成、废液量和处理要求可选择一种方法或几种方法联合使用。一般情况下，蒸发法、离子交换法和絮凝沉淀法处理放射性废液的去污系数分别可达 10^3 ～ 10^6、10 ～ 10^3 和 10 ～ 10^2。处理后原始废液中的放射性核素则浓集在相对少量的蒸发残渣、废树脂和沉淀泥浆内。对固体废物的减容一般采用焚烧或压缩处理。可燃废物经焚烧后减容比可达 40 ～ 100；不可燃的废物采用切割和压缩减容，减容比可达 2 ～ 10。

（3）放射性废物的固化。为了安全贮存，减少对环境的污染，须将放射性废液或其浓缩物转化为固体。放射性废物固化的基本要求是：固化体的物理化学性能稳定，有足够的机械强度，减容比大，在水中的浸出率低，操作过程简单易行，处理费用低等。针对不同类型的废物可采用不同的固化方法，其中水泥固化、沥青固化、塑料固化和玻璃固化等已付诸实际应用。

7 核安全法第二条对核设施的概念进行了规定，其中是否包括军工、军用核设施？

核安全法第二条给出的核设施概念是基于核技术科学定义而做出的法律定义。从该定义的来源来分析，无论是军用的核设施还是民用的核设施，都有其客观属性，都属于科学技术意义上的核设施，都被定义所囊括；从核安全法的调整范围来看，既然中华人民共和国范围内的所有核设施均被纳入本法范围，当然也包括了军工、军用核设施。但是，由于军工、军事核设施管理的特殊性，本法没有对军用和军工核设施做出明确的要求，而是进行了授权。见核安全法第九十二条“军工、军事核安全，由国务院、中央军事委员会依照本法规定的原则另行规定”。

8 核安全法第三条规定“国家坚持理性、协调、并进的核安全观，加强核安全能力建设，保障核事业健康发展”，什么是核安全观？有什么重要意义？

党的十八大以来，以习近平同志为核心的党中央高度重视核安全，多次作出批示、指示，对核安全工作做出部署和指导。习近平主席于 2014 年 3 月，在荷兰海牙召开的第三届核安全峰会上提出理性、协调、并进的核安全观，是我国核安全工作的根本指导思想，是核能与核技术利用事业发展的根本准则，也是现阶段我国倡导的核安全文化的核心价值观。①

核安全观的内涵包括以下四个方面：①发展和安全并重，以确保安全为前提发展核能与核技术利用事业；②权利和义务并重，以尊重各国权益为基础推进国际核安全进程；③自主和协作并重，以互利共赢为途径寻求普遍核安全；④治标和治本并重，以消除根源为目标全面推进核安全。

---

① 国家核安全局、国家能源局、国防科工局：《核安全文化政策声明》，2014 年 12 月。

核安全观要求我们站在国家安全的战略高度来认识核安全，从“理性、协调、并进”的价值理念来把握核安全。

核安全观的提出，标志着我国对核安全概念的把握提升到了新的高度，标志着我国在核安全领域对国际社会的价值倡导内容提升到了新的高度，也标志着我国对国际社会就核安全所作的庄严承诺有了更加丰富的内涵。

总之，核安全是国家安全的重要组成部分，核安全法体现了总体国家安全观要求，把我国倡导的核安全工作指导思想——理性、协调、并进的核安全观，明确表述出来，将其作为我国核安全领域的核心价值观。

9 核安全法第四条规定“核安全工作必须坚持安全第一、预防为主、责任明确、严格管理、纵深防御、独立监管、全面保障的原则”，独立监管的具体含义是什么？是否有多重监管的意思？

提高核安全水平需要强化核安全监管的独立性。核安全监管独立性的本质是核安全监管机构能够在不受其他主体的不当影响下就核安全相关问题做出自主决定，并有能力履行规定的核安全监管职责。其理由在于：核能的开发和利用活动所伴随的特殊风险要求政府通过公权力予以规制，但是政府规制必然会与产业的发展短期利益产生冲突，如何在核工业发展的同时确保核安全是一个重要的公共治理课题。为此，各国政府的普遍实践是建立专门负责核安全监管的机构，并确保该机构的职责与负责产业发展部门的职能相分离，即保证核安全监管机构独立行使核安全监管权。这一做法在美国于20世纪70年代形成后，便被许多国家的立法所采纳，逐渐成为国际社会的共识。

核安全独立监管的法理基础主要包括：①核安全监管存在专业性要求，即对核能的开发和利用活动的监管的技术、管理专业性很强，非专业性的机构和专家级的人员则不能有效完成监管工作；②政监分离的要求，即政府中从事核能行业发展的部门和从事核安全监督管理的部门互相分离，由核安全监督管理部门独立行使核安全监管权，保证核安全监管不受任何从事核能与核技术利用活动的组织和个人的干扰和影响，做到保守决策，提高权威性；③监管政策稳定性的需求，即统一的监管部门所产生的一致、稳定的政策对于产业发展前景构成决定性影响，需要保持一贯和稳定。[①]

值得一提的是，福岛核事故的一个重要教训就是日本的核安全监督管理部门的独立性不够，即多年来，由隶属于通商产业省的原子力安全保安院作为主要的安全监管部门，存在监管有效性不足的问题。为此，2012年日本通过《原子能规制委员会设置法》对核安全监管与核能发展的职能进行分离和整合，建立了专门负责核安全监管的原子能规制委员会，归属于环境省管理，以确保其独立性。与此相反，我国1986年制定实施的《中华人民共和国民用核设施安全监督管理条例》第四条规定，“国家核安全局对全国核设施安全实施统一监督，独立行使核安全监督权”，确保了我国核安全监管的独立性、权威性和有效性。

总体来看，独立监管与传统意义上的政府监管的内容不同、

---

① 胡帮达：《核安全独立监管的路径选择》，刊于《科技与法律》2014年第2期。

任务不同，因此不能简单认为独立监管是在已有政府监管体系上的一种冗余和重复。

10 核安全法第五条规定“核设施营运单位对核安全负全面责任。为核设施营运单位提供设备、工程以及服务等的单位，应当负相应责任”，如何理解营运单位的全面责任和设备、工程以及服务等单位的相应责任？

全面责任是指核设施营运单位对核设施和核活动整个寿期内的核安全负首要责任，包括其本身所从事活动的核安全以及其委托其他主体从事活动的核安全，该责任不得转托他人。一旦发生有损核安全的后果，核设施营运单位而非其他主体应当承担相应的行政责任、民事责任和刑事责任。

本条第二款规定了核设施的供货商、承包商（包括核安全设备制造、安装和无损检验等单位以及提供服务的单位），所承担的责任。因为其所提供的产品或者服务质量会影响核安全水平，因而供货商、承包商应当依照有关合同约定，遵守核安全法和其他有关法律、法规，加强核安全管理，建立、健全责任制度，保障其从事活动的质量符合规定的要求，对核安全负有其他法律所规定的责任，或合同上双方约定的责任。这些责任主体承担的核安全责任与营运单位所承担的“全面责任”有所不同，为了区别，称为“相应责任”。

核设施营运单位所承担的全面的核安全责任，与其供货商和承包商所承担的相应责任，共同构成了核工业全产业链条中各参与主体共担的责任体系。其责任体系的实质在于，核设施营运单位的全面核安全责任不因供货商、承包商的参与而在任何情况下有所减轻，后者的相应责任也不为前者的全面责任所替代；在发生核事故时，供货商、承包商不承担核损害赔偿的责任，但若合同中有所约定，应按照合同执行。

本条所规定的核设施营运单位的全面安全责任和为核设施营运单位提供设备、工程以及服务等单位的相应责任，是核安全法“责任明确”原则的具体体现。

11 核安全法第五条提出的“核设施营运单位对核安全负全面责任”以及“为核设施营运单位提供设备、工程以及服务等的单位，应当负相应责任”，却没有给出核安全监管部门的责任。请问核安全监管部门负什么责任？

核安全监管对于保证核安全至关重要。我国政府设立了核安全监管机构，担负起核安全监管工作。

通过制定核安全法，可以进一步理顺政府对行业管理与监督的职责，提高核安全监管工作的相对独立性和有效性。核安全法基于国务院部门职责分工，明确“国务院核安全监督管理部门负责核安全的监督管理”“国务院其他有关部门在各自职责范围内负责有关的核安全管理工作”。

按照“三定方案”，国务院核安全监管部门与国务院生态环境主管部门是一个机构的两块牌子。因此，也可以说国务院生态环境主管部门负责民用核安全的监督管理。同样，按照“三定方案”，可以将有关部门的职责梳理如下：国务院国防科技工业主管部门负责军工核安全的监督管理，牵头核事故应急管理工作；

国家能源局负责核电的行业管理[①]；国务院其他有关部门在各自职责范围内负责有关的核安全管理工作。这些都意味着政府部门也承担着核安全责任。同时，为保证法条中各项禁止性、限制性和义务性规定的有效实施，对政府及其有关主管部门工作人员，核设施运营单位、核材料持有单位及为之提供各种服务的主体的责任追究等，均做出了明确规定，包括行政责任、民事赔偿责任和刑事责任等内容。

国家核安全局对全国核设施安全实施统一监督，独立行使核安全监督权，其主要职责如下[②]：

（1）组织起草、制定有关核设施安全的规章和审查有关核安全的技术标准；

（2）组织审查、评定核设施的安全性能及核设施营运单位保障安全的能力，负责颁发或者吊销核设施安全许可证件；

（3）负责实施核安全监督；

（4）负责核安全事故的调查、处理；

（5）协同有关部门指导和监督核设施应急计划的制订和实施；

（6）组织有关部门开展对核设施的安全与管理的科学研究、宣传教育及国际业务联系；

（7）会同有关部门调解和裁决核安全的纠纷。

国家核安全局在核设施集中的地区可以设立派出机构，实施安全监督。还可以组织核安全专家委员会。该委员会协助制定核安全法规和核安全技术发展规划，参与核安全的审评、监督等工作。

---

①《国务院办公厅关于印发国家能源局主要职责内设机构和人员编制规定的通知》（国办发〔2013〕51号）。

②《中华人民共和国民用核设施安全监督管理条例》（1986年10月29日国务院发布）。

综上所述，有多个政府部门根据分工对核安全负相应的责任，但核设施营运单位的全面责任不因为有关部门负有核安全责任而有所减轻。

12 核安全法第六条规定“国务院核工业主管部门、能源主管部门和其他有关部门在各自职责范围内负责有关的核安全管理工作”，本法中国务院核工业主管部门、能源主管部门指的是哪些部门?

按照现行国家政府部门设置体系，在核安全法中，国务院核工业主管部门指的是国家国防科技工业局（以下简称国防科工局），能源主管部门指的是国家能源局。

国防科工局的涉核职能可以做如下梳理：

在核设施安全方面，《中华人民共和国民用核设施安全监督管理条例》第六条规定了核设施主管部门对相关核设施的安全管理职责，包括：①负责所属核设施的安全管理，保证给予所属核设施的营运单位必要的支持，并对其进行督促检查；②参与有关核安全法规的起草和制订，组织制订有关核安全的技术标准，并向国家核安全局备案；③组织核能发展方面的核安全科学研究工作。

在放射性废物安全方面，《放射性废物安全管理条例》第五条明确了国防科工局和其他有关部门对放射性废物的管理职能，该条例第八条、第二十条、第二十二条及《中华人民共和国放射性污染防治法》第二十七条、第四十四条规定了国防科工局的下列职能：组织编制放射性固体废物处置场所选址规划；组织实施高水平放射性固体废物和 α 放射性固体废物深地质处置设施的工程和安全技术研究、地下实验、选址和建造；参与制定核设施的退役费用和放射性废物处置费用的提取和管理办法；参与建立全国放射性废物管理信息系统。

在核材料安全方面，《中华人民共和国核材料管制条例》第七条对当时的核工业主管部门核工业部在核材料管制方面的主要职责进行了规定，包括：①负责实施全国核材料管制；②负责审查、颁发核材料许可证；③拟订核材料管制规章制度；④负责全国核材料账务系统的建立和检查。

在放射性物品运输安全方面，根据《放射性物品运输安全管理条例》第三条的相关规定，放射性物品的具体分类和名录，由国务院核安全监管部门会同国务院公安、卫生、海关、交通运输、铁路、民航、核工业行业主管部门制定。

在核事故应急方面，《核电厂核事故应急管理条例》第四条规定，全国的核事故应急管理工作由国务院指定的部门负责，主要职责包括：①拟定国家核事故应急工作政策；②统一协调国务院有关部门、军队和地方人民政府的核事故应急工作；③组织制订和实施国家核事故应急计划，审查批准场外核事故应急计划；④适时批准进入和终止场外应急状态；⑤提出实施核事故应急响应行动的建议；⑥审查批准核事故公报、国际通报，提出请求国际援助的方案。必要时，由国务院领导、组织、协调全国的核事故应急管理工作。这里“国务院指定的部门”是指国家核事故应急协调委员会，在我国当前实施的国家核事故应急预案中，由国防科工局设立常设机构国家核事故应急办公室，代表国家核事故应急协调委员会，协调组织国务院下属各部委承担国家的核事故应急工作。

国家能源局的职责为：①负责组织编制国家核电发展规划，经国家发展和改革委员会审核后，报国务院批准并发布；②根据能源供需等情况，统筹规划全国核电布局；③负责对核准核电项目的申请提出审核意见，经国家发展和改革委员会审核后报国务院核准；④负责拟定核电技术标准（在民用核安全设备安全方面，根据《民用核安全设备监督管理条例》第十条，不涉及核安全基本原则和技术要求的民用核安全设备国家标准，由国务院核行业主管部门组织拟定，经国务院核安全监管部门认可，由国务院标准化主管部门发布。民用核安全设备行业标准，由国务院核行业主管部门组织拟定，经国务院核安全监管部门认可，由国务院核行业主管部门发布，并报国务院标准化主管部门备案）；⑤负责组织协调和指导核电科研工作，包括核电发展方面的核电安全科研工作；⑥负责组织核电厂的核事故应急管理工作。

除了上述职能外，根据《中华人民共和国民用核设施安全监督管理条例》第六条的规定，国防科工局、国家能源局作为核设施主管部门负责相关核设施的安全管理，还应接受国家核安全局的核安全监督，保证给予相关核电厂营运单位必要的支持，并参与有关核安全法规的起草和制定。

13 核安全法第六条规定“国家建立核安全工作协调机制，统筹协调有关部门推进相关工作”，请问各有关部门具体工作有哪些?

2014 年 4 月 15 日召开的中央国家安全委员会第一次会议强调，要构建集政治安全、国土安全、军事安全、经济安全、文化安全、社会安全、科技安全、信息安全、生态安全、资源安全、核安全等于一体的国家安全体系。核安全被正式列为国家安全的重要组成部分。2015 年 7 月 1 日颁布的《中华人民共和国国家安全法》第四十五条指出："国家建立国家安全重点领域工作协调机制，统筹协调中央有关职能部门推进相关工作"。

为了落实党中央的指示，贯彻实施《中华人民共和国国家安全法》，核安全法第六条规定了"国家建立核安全工作协调机制，统筹协调有关部门推进相关工作"。该工作机制由国家核安全相关部门建立，从而形成了在国家顶层设计层面的工作协调机制。

14 核安全法第七条规定"国务院核安全监督管理部门会同国务院有关部门编制国家核安全规划，报国务院批准后组织实施"，国家核安全规划具体指什么？

国家核安全规划是指经党中央或国务院批准发布的，由国家发展和改革委员会列入国家规划体系的，由国务院核安全监管部门会同有关主管部门编制的，对核能与核技术领域的安全工作进行总体性编排和部署的政策性文件。核安全规划的内容包括明确规划期间内核安全工作的指导思想、原则、目标和任务等主要方面。随着时代的发展和形势的变化，不同时期的核安全规划在具体内容上会发生变化。

"十一五"期间，我国制订了国家层面的核安全规划并实施，但没有公开发布。我国制定并公开颁布实施的第一部核安全规划是 2012 年发布的《核安全与放射性污染防治"十二五"规划及 2020 年远景目标》。

目前实施的是《核安全与放射性污染防治“十三五”规划及2025年远景目标》，其内容包括六个方面：一是当前核安全与放射性污染防治工作的现状和形势；二是规划编制和核安全与放射性污染防治工作的指导思想、基本原则和目标；三是核安全与放射性污染防治工作的重点任务；四是核安全与放射性污染防治相关的重点工程；五是实施规划的保障措施和机制；六是组织实施。其中，每个方面又有具体的要求，例如“重点工程”中包含了10项重点任务，即保持核电厂高安全水平、降低研究堆及核燃料循环设施风险、加快早期核设施退役及放射性废物处理处置、减少核技术利用辐射事故发生、保障铀矿冶及伴生放射性矿辐射环境安全、提高核安全设备质量可靠性、提升核安保水平、加强核与辐射事故应急响应、推进核安全科技研发、推进核安全监管现代化建设等。

编制核安全规划，是党中央、国务院加强我国核安全工作的重大举措，也是确保我国核能与核技术利用事业安全可持续发展的客观要求。

15 核安全法第八条规定“国家坚持从高从严建立核安全标准体系。国务院有关部门按照职责分工制定核安全标准。核安全标准是强制执行的标准”，什么是核安全标准，其体系包括哪些？

核安全标准，是指为了保障核安全，预防与应对核事故，安全利用核能，保护公众和从业人员的安全与健康，保护生态环境，按照法律规定的程序，在科学、技术和实践经验基础上制定的技术准则。核安全标准是核安全法规标准体系的重要组成部分，是法律规范的配套和完善，是国务院核安全监督管理部门实施核安全监管的重要基础和支撑，也是规范核能、核技术利用生产经营，促进核行业健康发展的技术保障。

我国现行的核安全法规标准体系包括法律、行政法规、部门规章、标准和导则等。其中，法律、行政法规和部门规章具有强制约束力，其制定权限和程序在我国《中华人民共和国立法法》中已有明确规定。标准和导则由国务院核安全监督管理部门制定，前者经法律、行政法规或部门规章确认或规定适用时具有强制约束力，后者属于指导性技术规范不具备强制约束力。

在标准方面，我国习惯上使用“核与辐射安全标准”的概念。以往，我国的核与辐射安全标准分为强制性标准和推荐性标准两种。其中，强制性标准为国家标准（GB），由生态环境部（国家核安全局）制定，生态环境部和国家标准委员会联合发布，具有强制约束力，相当于技术法规，如《放射性废物近地表处置的废物接收准则》（GB 16933—1997）；推荐性标准包括推荐性国家标准（GB/T）和国家环境保护标准（HJ），如《核设施的钢铁、铝、镍和铜再循环、再利用的清洁解控水平》（GB/T 17567—2009）、《压水堆核电厂应急相关参数》（HJ 842—2017），其中GB/T 由生态环境部制定，生态环境部和国家标准委员会联合发布，HJ 由生态环境部制定和发布。除此之外，相关行业主管部门根据自身工作需要还制定了一些与核安全相关的国家标准和行业标准。

《中华人民共和国标准化法》规定“对保障人身健康和生命财产安全、国家安全、生态环境安全以及满足经济社会管理基本需要的技术要求，应当制定强制性国家标准”。核安全是国家安全的重要组成部分，因此核安全标准为强制性国家标准。这意味着我国核安全的标准体系将得到进一步的完善和规范，核安全标准体系的范围将更加清晰，一些不适于作为强制性标准的核安全相关标准将不再作为核安全标准而存在。为此，将有大量的标准制修订工作逐步展开。

16 核安全法第九条规定“国家制定核安全政策，加强核安全文化建设。国务院核安全监督管理部门、核工业主管部门和能源主管部门应当建立培育核安全文化的机制。核设施营运单位和为其提供设备、工程以及服务等的单位应当积极培育和建设核安全文化”，从各个部门和单位的角度来讲如何培育和建设核安全文化，其意义何在?

核安全文化的建设和培育需要国家、监管和主管机关，以及企业事业单位来共同完成[①]：

（1）国家层面。由国家制定核安全政策并将加强核安全文化建设和培育的要求纳入核安全政策中。从国家层面培育和促进核安全文化以提升核安全水平，既是贯彻国家安全战略，落实“理性、协调、并进”的中国核安全观的需要，也是履行国家核安全责任和国际核安全义务的需要。人类和平利用核能历史上发生的三起严重核事故（美国三哩岛核事故、苏联切尔诺贝利核事故和日本福岛核事故）均暴露出各种在核安全文化方面的突出问题。统计资料显示，人因造成的核事件占事件总数的 60% ～ 70%，核安全文化的培育和建设也有利于减少人因失误和核事件的发生。

① 许安标、刘华等:《中华人民共和国核安全法释义》，中国民主法制出版社，2017 年版。

（2）监管和主管机关层面。国务院核安全监督管理部门、核工业主管部门和能源主管部门应当根据上述国家核安全文化建设要求，在各自的职责范围内通过制定部门规章或其他规范性文件的方式建立核安全文化的培育机制。该培育机制包括建立核安全文化宣贯和培训要求，完善核安全文化检查机制，将核安全文化融入日常核安全监督检查，制定核安全文化评估标准和程序，建立核安全文化评估体系，推动核安全文化评估活动。

（3）单位层面。核设施营运单位和为其提供设备、工程以及服务等的单位应当根据监管和主管机关的要求，将核安全文化的理念和要求融入生产、经营、科研和管理的各个环节，并以单位规章制度的形式来保障核安全文化体系的建设和培育得到落实。通过在企业内推广质疑的工作态度，营造良好的工作习惯，不断树立知责任、负责任的责任意识，持续提升个人的核安全文化素养。通过开展同行评估，倡导核安全文化的良好实践，开展核安全文化经验交流，及时识别弱项和问题，积极纠正和改进。通过信息公开、公众参与、科普宣传等公众沟通形式，不断提高公众对核电的接受度和对核安全的信心，构建全社会的核安全文化氛围。

核安全文化教育实质是提升企业业绩的一个管理手段，其中的领导巡视、质量考核、奖惩、绩效、问题分析改进（经验反馈）、晋升等大多数内容对于常规产品管理同样适用，仅在作业过程控制、文件记录等具体工作可根据企业实际需求进行适应性优化。对于核电业务占比较小的持证单位，应全力推进以质量文化为核心的核安全文化，并从涉核人员逐步向全员进行推广，形成适用于本企业的特色的核安全文化建设方法，促进整体文化意识和质量业绩的提升。

17 核安全法第十条规定“国家鼓励和支持核安全相关科学技术的研究、开发和利用，加强知识产权保护，注重核安全人才的培养。国务院有关部门应当在相关科研规划中安排与核设施、核材料安全和辐射环境监测、评估相关的关键技术研究专项，推广先进、可靠的核安全技术”，国务院部门层面对国家核安全科技研发政策的落实的举措有哪些？国家有关部门又是指哪些部门？

国务院部门层面对国家核安全科技研发政策的落实，具体举措包括两方面：一是通过在相关科研规划中增加经费投入以支持核安全相关的科研项目，包括在相关科研规划中安排与核设施、核材料安全和辐射环境监测、评估相关的关键技术研究专项；二是推广先进、可靠的核安全技术。

这里的“国务院有关部门”主要是指作为科技工作主管部门的科技部，以及相关部门，如作为核安全监督管理部门的生态环境部（国家核安全局）、作为核工业主管部门的国防科工局和作为能源主管部门的国家能源局等。

18 核安全法第十一条规定“任何单位和个人不得危害核设施、核材料安全”，其意义何在？

其意义主要体现在以下 3 个方面：

（1）核安全法规定了人的权利，规范了人的行为，填补了我国核安全法规体系的空白。我国核安全法规制修订的着眼点是把核设施和放射性物质作为风险源加以管控，通过立法来规范核设施的状态和过程，以避免其对社会和公众造成损害。核安全法突破了这一视角限制，将人（即任何单位和个人）作为风险的来源。这在我国核法律领域是一个突破，然而却是对立法规律的一次遵循。毕竟，法律的本意就在于关注人的权利和义务关系。

（2）本条体现了核安全法中对核安保内容的涵盖。在我国汉语语境中的核安全是一个大的概念，它包括了通常意义上的预防和缓解意外造成的核事故，同时也包含对存有主观恶意的各类行为的防范与化解。

（3）本条规定了公民的权利和义务，体现了公民的权利和义务的平衡。本条第二款规定公民、法人和其他组织“受到核损害的，有依法获得赔偿的权利”。按照权利与义务对称的原则，法律中规定了公民在核安全领域的基本义务。对所有公民和单位而言，不实施危害核设施和核材料安全的行为是一项基本的、消极的不作为义务。违反这一规定，将由公安机关依法给予治安管理处罚（核安全法第七十六条），构成犯罪的，应依法追究刑事责任。

19 核安全法第十一条规定“公民、法人和其他组织依法享有获取核安全信息的权利”，其中公民、法人和其他组织能够依法获取哪方面的核安全信息?

按照渠道划分，核安全信息主要源于政府的信息公开和涉核企事业单位的信息公开。

核安全法第六十三条对政府信息公开进行了规定：“国务院有关部门及核设施所在地省、自治区、直辖市人民政府指定的部门应当在各自职责范围内依法公开核安全相关信息。国务院核安全监督管理部门应当依法公开与核安全有关的行政许可，以及核安全有关活动的安全监督检查报告、总体安全状况、辐射环境质量和核事故等信息。”

《中华人民共和国政府信息公开条例》（2019年版）第二十七条规定“除行政机关主动公开的政府信息外，公民、法人或者其他组织可以向地方各级人民政府、对外以自己名义履行行政管理职能的县级以上人民政府部门（含本条例第十条第二款规定的派出机构、内设机构）申请获取相关政府信息”。该条例第二十七条至第四十五条规定了公民、法人或者其他组织申请公开信息应提交的材料，政府机关对公民、法人或者其他组织提出的申请公开信息处理方式等要求。

核安全法第六十四条对企业信息公开进行了规定：“核设施营运单位应当公开本单位核安全管理制度和相关文件、核设施安全状况、流出物和周围环境辐射监测数据、年度核安全报告等信息。具体办法由国务院核安全监督管理部门制定。”

20 核安全法第十二条规定“国家加强对核设施、核材料的安全保卫工作。核设施营运单位应当建立和完善安全保卫制度，采取安全保卫措施，防范对核设施、核材料的破坏、损害和盗窃”，其中安全保卫措施主要指什么？放射性废物是否应包括在安全保卫的对象范围内？

核安全法中的安全保卫概念等同于核安保，主要指通过有效的组织与管理，预防和应对涉及核材料、其他放射性物质、相关设施和相关活动的擅自接触、未经授权转移、盗窃、蓄意破坏或其他恶意行为，以保障核设施的安全运行和核材料的合法使用。主要措施包括：

（1）依据批准的设计基准威胁，实施“纵深防御”和“均衡保护”，按照同步设计、同步建设、同步运行的“三同时”原则设计、建设和运行实物保护系统；并做好厂区出入控制、周界入侵探测和监控、核材料保卫等工作。

（2）对实物保护系统设备进行定期试验和检查，并制定相应的维修响应时间要求和故障处理应急预案，确保实物保护系统的稳定性和可靠性。

（3）制定范围内空域、海域（水下）等管控措施，针对低空飞行物入侵事件建立快速响应机制，加强对低空飞行活动的监视和管控，适时采取空域、海域等技防探测手段。

（4）对核燃料、乏燃料运输制定运输安保方案，安排专人押运，配备卫星定位装置，加装封记和放射性标识。

放射性废物属于危险废物，一旦失控可能对环境和人的健康造成不可接受的损害，必须予以保护，防止遭受包括主观恶意破坏在内的各种原因造成的破坏、损害或失控。

在本条中仅提到对“核设施、核材料”的安全保卫，没有提到对“放射性废物”的安全保卫，其原因在于放射性废物除在运输途中外，其必然存放在核设施中，其安全保卫措施要求能够被本法中核设施的相关要求所覆盖。放射性废物的运输按《放射性物品运输安全管理条例》进行管理，也有明确的安全保卫要求。

21 核安全法第十三条规定“国家组织开展与核安全有关的国际交流与合作，完善核安全国际合作机制，防范和应对核恐怖主义威胁，履行中华人民共和国缔结或者参加的国际公约所规定的义务”，具体有哪些国际交流与合作的工作?

核安全无国界，任何一个国家的核事故都可能造成国际性影响，成为全球性核事故。核安全领域特别注重国际同行的互相交流和共同提高。我国核安全领域对外交流的方式主要包括加入国际公约、多边合作以及双边合作等。

国家核安全局、国防科工局和国家能源局均有对外交流的职责。

国家核安全局十分重视参考借鉴国际先进核安全法规，与多个国际组织，如国际原子能机构（IAEA）、经济合作发展组织（OECD）等建立了良好的合作关系，并与多国开展双边合作。1994年，国家核安全局局长黄齐陶签署了《核安全公约》，正式加入了《核安全公约》；并通过联合国开发计划署和IAEA的支持项目，培养了大批核安全监管人员。为使中国核安全监管水平与国际接轨，1994年国家核安全局邀请IAEA同行评议团来华对监管工作进行评议，帮助中国改进核安全监管工作，对总结我国核安全监管工作经验，提高我国核安全监管工作水平起到了很大的推动作用。同时，中国与美国、法国、意大利、西班牙、德国、日本、巴基斯坦等11个国家签订了核安全合作协议，奠定了广泛的双边合作基础，以技术引进、信息交流共享、合作研究、人员培训、技术咨询等多种形式加强机构建设，提高审评能力，同时为核电“走出去”提供支持服务。

国防科工局：负责组织管理国防科技工业的对外交流与国际合作；代表中国政府参加有关国际组织及其有关活动；负责军工企事业单位的军品出口管理，以中国原子能机构（CAEA）的名义组织协调政府和国际组织间原子能方面的交流与合作，代表中国政府参与国际原子能机构事务；设立国家原子能机构中国国际核信息系统（INIS）中心，承担 INIS 在中国的运行与管理工作。

国家能源局：组织推进能源国际交流与合作，按分工承担同外国能源主管部门和国际能源组织谈判并签订协议等有关工作，拟订能源对外开放战略、规划及政策，协调境外能源开发利用。当前，已与多个国家和国际组织签署民用核能领域合作的谅解备忘录。

22 核安全法第十四条规定“国家对核设施的选址、建设进行统筹规划，科学论证，合理布局”，核设施选址和建设的统筹规划、论证由哪个部门主导？有哪些细则？

根据第十二届全国人民代表大会第一次会议批准的《国务院机构改革和职能转变方案》《国务院关于部委管理的国家局设置的通知》，国家能源局负责核电管理，拟订核电发展规划、准入条件、技术标准并组织实施，提出核电布局和重大项目审核意见。其他核设施的规划由国防科工局负责。

核电厂的选址必须满足《核电厂厂址选择安全规定》（HAF 101）及其相关要求。营运单位在厂址选择阶段要向国家核安全局提交厂址安全分析论证文件；国家核安全局独立、全面地进行厂址的评审工作，以便确定拟建的核电厂可否在该厂址上建造和安全运行。

核电厂的选址，参照《核电厂厂址选择安全规定》（HAF 101）执行，具体如下：

HAD 101/01 核电厂厂址选择中的地震问题

HAD 101/02 核电厂厂址选择的大气弥散问题

HAD 101/03 核电厂厂址选择及评价的人口分布问题

HAD 101/04 核电厂厂址选择的外部人为事件

HAD 101/05 核电厂厂址选择的放射性物质水力弥散问题

HAD 101/06 核电厂厂址选择与水文地质的关系

HAD 101/07 核电厂厂址查勘

HAD 101/08 滨河核电厂厂址设计基准洪水的确定

HAD 101/09 滨海核电厂厂址设计基准洪水的确定

HAD 101/10 核电厂厂址选择的极端气象现象

HAD 101/11 核电厂设计基准热带气旋

HAD 101/12 核电厂的地基安全问题

其他核设施（如废物处置场、研究堆等）暂无单独的选址规定，具体实施时参照核电厂选址标准进行。

23 核安全法第十四条规定“国家根据核设施的性质和风险程度等因素，对核设施实行分类管理”，请问如何对不同类型的核设施进行分类管理？管理原则有何区别？

对民用核设施进行分类管理，原因在于不同的核设施，其功能、规模、潜在危害和风险程度均不同，对其采用分类管理，有利于监管部门和营运单位合理分配资源，提高监管效率。

（1）可以根据核设施的功能特征分类。根据核安全法，核设施可分为核动力厂（核电站、核热电厂、核供汽供热厂等），核动力厂以外的其他反应堆（研究堆、试验堆、临界装置），核燃料生产、加工、贮存及后处理设施，放射性废物的处理和处置设施，其他以核能或以放射性物质为原材料的用于生产经营的设施。不同的核设施安全管理要求有所不同。国家核安全法规标准体系就是按照这样的分类分为 10 个系列，再根据不同的系列特点来确定安全管理要求。

（2）还可以根据工作需求、规模大小对每一类核设施进行分类。例如，研究堆的范围，包含了从小到零功率反应堆或临界装置、大到中国实验快堆（热功率 65 MW）等不同规模的反应堆。不同规模的研究堆堆芯装载量不同，其蕴藏的风险也有所不同。为了提高管理的针对性，国家核安全局制定了《研究堆安全分类（试行）》，根据潜在源项大小、安全特性和放射性释放后果，将研究堆分为：

Ⅰ类研究堆：剩余反应性低，裂变产物总量少，功率小于 500 kW，如有较高的固有安全特性，可扩展至 1 MW；通常在自然对流冷却方式下运行，在事故状态下，只需利用可靠的停堆手段或较好的负反馈效应即可使反应堆可靠停堆并保持安全停堆状态，可不要求有专设堆芯冷却系统。

Ⅱ类研究堆：功率、剩余反应性和裂变产物总量属于中等，具体功率范围为 500 kW ～ 10 MW；依据不同热功率水平在自然对流冷却方式或强迫循环冷却方式下运行。在事故状态下，反应堆必须能可靠停堆并保持安全停堆状态，并且必须保证堆芯在要求的时间内得到冷却。

Ⅲ类研究堆：功率、剩余反应性和裂变产物总量都较高的研究堆，具体功率在 10 MW 以上；一般在强迫循环下运行，通常必须设置应急冷却，以保证堆芯余热的有效排出。在事故状态下，反应堆必须可靠地保持停堆状态，并且必须保证堆芯在规定时间内得到冷却。

又如，按《民用核燃料循环设施分类原则与基本安全要求》核燃料循环设施根据放射性物质总量、形态和潜在事故风险或后果进行分类。按照合理、简化方法，核燃料循环设施分为如下四类：

一类：具有潜在厂外显著辐射风险或后果，如后处理设施、高放废液集中处理、贮存设施等；

二类：具有潜在厂内显著辐射风险或后果，并具有高度临界危害，如离堆乏燃料贮存设施和混合氧化物（MOX）元件制造设施等；

三类：具有潜在厂内显著辐射风险或后果，或具有临界危害，如铀浓缩设施、铀燃料元件制造设施、中低放废液集中处理、贮存设施等；

四类：仅具有厂房内辐射风险或后果，或具有常规工业风险，如天然铀纯化 / 转化设施、天然铀重水堆元件制造设施等。

核动力厂目前按反应堆类型有压水堆、重水堆、沸水堆等，但国家核安全局在制定核安全法规时，没有就此类别给出不同核安全要求，而是将其作为一个整体来看待。

24 核安全法第十五条规定“核设施营运单位应当具备保障核设施安全运行的能力”，营运单位应具备的能力有无具体的规定？是否为法规强制要求？如何对能力进行评价？

按照自然法和习惯法惯例，自古以来就有由加害者来赔偿受害人损失的法理学基础。具体在核领域，核能的开发和利用与其他能源形式一样，在为人类社会带来福利的同时，也带来了风险，这意味着核能具有给人身健康带来伤害和财产安全带来损害的现实可能。事故发生所造成的环境和人身健康损失，也必须由享有操作核设施的权利并获得收益的组织或个人来承担。这样的组织和个人，在核安全法中被称为核设施的营运者，在我国通常为“营运单位”。为了确保核安全，作为一项要求，核安全法要求营运单位必须具备确保核设施安全运行的能力。

通常，国际社会认为核设施营运单位应当承担的安全责任包括[①]：

（1）对照国家相关法律法规和国际公约要求，明确核设施设计应当满足的核安全要求，并核验这些要求得到满足。

（2）确保核设施结构、系统和部件的质量。

（3）建立并长期维持一支知识型工作人员队伍（包括操纵员和其他人员）。

（4）建立良好的组织架构，对内分配责任，赋予权威，建立管理体系，关注并减少各种接口，包括安全与安保、运行与维护之间的接口，以确保安全运营。

---

① IAEA Safety Standards，Establishing the Safety Infrastructure for a Nuclear Program，SSG-16，p.87，IAEA2011.

（5）建立安全政策，实施管理程序，并验证其效能。

（6）建立并实施人员资质管理的政策与培训和再培训措施。

（7）建立并实施人员岗位适应性评估机制，确认员工、承包人员和参观人员的生理、心理状态。

（8）与政府部门、监管部门建立联系，以考虑、理解并遵守相关监管要求。

（9）与相关的设计、建造、调试、制造组织建立联系，以加强理解，传递经验和信息。

（10）为核设施的管理提供资源、服务和设施，并对承包商活动的安全性开展适当评估。

（11）为各类沟通活动和公共关系提供足够的信息。

（12）确保运行经验得到收集、评价和分享。

（13）确保决策的过程关注到了（安全）优先级的确定和活动的组织。

从这个角度来说，营运单位确保安全的能力，就是确保上述职责充分得到履行的能力。按照核安全法第二条所提出的安全目标，核设施营运单位不仅要“防止由于技术原因、人为原因或者自然灾害造成核事故”，还要“最大限度减轻核事故情况下的放射性后果”，因此，营运单位仅仅具有上述所列的安全职责是不够的，还应该具备在事故发生后，有效组织场内应急、抢险的能力。另外，按照核损害赔偿的基本原则，核设施营运单位承担着核损害赔偿的绝对责任，因此，它还应当具有一定的财务保障能力，确保在事故发生后，尽快赔偿核损害对社会公众所造成的人身财产损失，确保社会稳定。这就是在第五条中增加了营运单位应当“具备应急响应能力和核损害赔偿财务保障能力”的基本考虑。

当然，核设施的具体情况是复杂的，不仅不同的核设施彼此有所不同，就是同一座核设施也存在不同的阶段，从而有不同的安全要求。当核设施处于建造阶段，主要工作目标是确保构筑物、系统和设备的质量，而当核设施处于退役阶段，主要工作目标是进行放射性废物的控制和处理，其要求自然不同。为此，也有必要将上述的能力要求根据不同阶段的特点予以具体化。为此，国际原子能机构做了有益的探索。①

25 核安全法第十五条规定“核设施营运单位应当……具备应急响应能力和核损害赔偿财务保障能力”，请问什么是核损害？它是人为原因导致的还是自然原因导致的？赔偿对象包括从业人员及周围受辐射污染群众吗？

一般认为核损害是由核材料或放射性物质的放射性带来的损失或损害，这种损失或损害是源于核事故——核材料或放射性物质的放射性或毒性、爆炸性或其他有害特性的综合效应引起的。②

核事故发生的原因是多方面的，既有可能源于人因失误、人的主观恶意破坏等，也有可能源于设备、系统失效，还有可能源于自然灾害。不管是什么原因，只要核材料或放射性物质的放射性或毒性、爆炸性或其他有害特性失控，就是核事故。其所带来的损害，就是核损害。

因核事故造成他人人身伤亡、财产损失或者环境损害的，核

---

① IAEA Safety Standards，Establishing the Safety Infrastructure for a Nuclear Program，SSG-16，IAEA，2011.

②《核安全立法知识读本》，人民交通出版社有限公司，2015 年版，第 170 页。

设施营运单位应当按照国家核损害责任制度承担赔偿责任。但核损害赔偿责任应当遵循豁免原则，即由于战争、武装冲突和暴乱等特殊情形引起的核事故造成的核损害，核设施营运单位不承担损害赔偿责任。

通常意义上，核损害赔偿责任是指核设施营运单位对公众所造成的损害的赔偿责任，即核设施周围受到辐射损害的群众可以向核设施营运单位索求赔偿（核设施营运单位可通过核第三者责任险转移核损害赔偿责任风险）。对于核设施的从业人员，其受到的损害虽然也是核损害，但不属于通常的核损害赔偿范围。一般而言，在签订劳动合同时，核电厂营运单位会与从业人员就核损害问题形成约定。一旦发生事故，从业人员所受到的核损害将依照劳资双方合同约定来解决。

26 核安全法第十六条规定“核设施营运单位应当对核设施进行定期安全评价”，定期安全评价的周期和内容是怎样规定的?

在我国核安全监管实践中，以往常常用“定期安全审查”的术语来表述由核设施营运单位在规定的时间间隔内对核设施所开展的系统性再评价。由于在我国的行政法规中，“审查”一词经常被理解为权威机构所开展的调查、取证、问询等行为，因此，在核安全法中，将以往的“定期安全审查”修正为“定期安全评价”。

根据核安全法规《核电厂安全运行管理规定》（HAF 103）、核安全导则《核动力厂定期安全审查》（HAD 103/11），以及《核电厂定期安全审查指南》（NB/T 20442.9—2017）的规定，核电厂安全审查（评价）是安全验证的主要手段，定期安全审查（评价）（以下简称 PSR）是对运行核电厂实施核安全管理的一种法定要求。HAD 103/11 要求 PSR 的开展周期一般为 10 年一次。

PSR 包括 14 项安全要素，分为五方面：

（1）核动力厂：①核动力厂设计；②构筑物、系统和部件的实际状态；③设备合格鉴定；④老化。

（2）安全分析：⑤确定论安全分析；⑥概率安全分析；⑦灾害分析。

（3）性能与经验反馈：⑧安全性能；⑨其他核动力厂经验及研究成果的应用。

（4）管理：⑩组织机构和行政管理；⑪程序；⑫人因；⑬应急计划。

（5）环境：⑭辐射环境影响。

27 核安全法第十七条规定“核设施营运单位和为其提供设备、工程以及服务等的单位应当建立并实施质量保证体系，有效保证设备、工程和服务等的质量，确保设备的性能满足核安全标准的要求，工程和服务等满足核安全相关要求”，请问建立并实施的质量保证体系，是由核设施营运单位及其他单位共同完成，还是分别独立完成？如何保证一致性？核安全相关要求具体指哪些？

核设施尤其是核电厂建设和运营是一个高度综合和复杂的工程，其各项活动（选址、设计、采购、制造、建造、调试、运行和退役等）和各个环节的质量都有可能影响到核电厂的安全性。因此，必须运用系统性的概念和方法，把各阶段、各环节、各单位的质量工作组织起来，形成一个既有明确的目的、任务、职责和权限，又能相互协调和促进的有机整体，来达到核设施建设、运营和活动的质量目标[①]。正因为这套质量保证体系是一个融合了多个单位的综合体系，其建立的过程中，各相关单位都要积极参与、互相配合、互相协调，既要完成自己的分内之事，也要与接口单位做好协调。

对于为核设施营运单位（甲方）提供设备、工程以及服务的单位（乙方），甲方一般在采购合同 / 技术规格书中对乙方的质量保证体系提出具体要求，包括但不限于：

（1）根据工作范围，乙方应建立和执行一个与《核电厂质量保证安全规定》（HAF 003—1991）相应要求一致的质保大纲，并在合同工作开始前一个月，将质保大纲提交给甲方审查；若甲方要求，乙方应将质量保证体系文件提交甲方审查或备案；乙方编制的项目质保大纲及项目专用程序应经乙方授权人审查、批准。

（2）乙方应建立一套管理程序，以补充和有效地实施质保大纲，若甲方要求，在使用前提交甲方审查。

（3）乙方应建立一套工作方面的文件，以保证所有与质量有关的活动按照书面的文件执行。若甲方要求，在使用前，应提交甲方审查。

（4）乙方应编制一份“适用文件清单”，并在工作开始前提交甲方审查，清单应包括合同工作所用的所有法规、批准、规范书、程序、指示书和图纸，及其适用的版次。若甲方要求，文件在使用前应提交甲方审查。

对于核设施内需要履行安全功能的设备。按其重要性的不同

---

① 黄逸达：《核电厂的质量保证》，原子能出版社，1994 年版，第 11 页。

分为不同的等级，即“设备分级”，而设备分级又可分为安全分级、设计与制造分级、抗震分级以及质保分级，其中安全分级是其他各种分级的基础。

根据不同的安全分级，核安全设备在设计、制造、检查、鉴定等方面需满足不同要求；为核设施营运单位提供设备、工程以及服务的单位，应满足相关的国家法规、行业标准的要求。

28 核安全法第十九条规定“核设施营运单位应当对核设施周围环境中所含的放射性核素的种类、浓度以及核设施流出物中的放射性核素总量实施监测”，这里“核设施周围环境”所指的具体范围有多大？

对不同类别的核设施所实施的监测范围是不同的。以核电厂为例，营运单位在运行、停闭和退役期间均需开展环境监测，运行期间还需要进行流出物监测。运行期间环境监测布点的原则为：①关键居民组居住地区；②放射性核素对关键居民组的关键照射途径；③最大风频下风向；④尽可能与本底调查的布点一致；⑤取样点地理位置的特点；⑥水域潮汐规律；⑦运行期间温排水情况；⑧核电厂流出物排放方式及特点；⑨监测区域的陆地生物和海洋生物生长周期；⑩环境敏感点。

运行期间，一般陆地核动力厂环境 γ 辐射水平调查范围为 20 km，其余调查范围一般取 10 km，以满足《核动力厂辐射环境防护规定》（GB 6249—2011）对常规监测范围的要求；通常，海洋主要监测核电厂周围 10 km 范围，重点关注核电厂总排放口附近海域及海生物的状况。

29 核安全法第二十一条规定“禁止在规划限制区内建设可能威胁核设施安全的易燃、易爆、腐蚀性物品的生产、贮存设施以及人口密集场所”，剧毒物品的生产、贮存设施是否也应禁止在规划限制区内建设？

核电厂的选址要考虑厂址所在区域对核电厂的影响。换言之，必须根据影响核电厂安全的自然事件和外部人为事件及各种现象发生的频率，对核电厂厂址的安全性进行审查。若厂址的安全性是可以接受的，下一步就是通过确定设计基准外部事件，来确定核电厂的设计要求。一个厂址是否可接受是与拟在该厂址建设的核电厂的设计密切相关的。从安全的观点来看，如果与厂址有关的问题在技术上有办法解决，从而保证核电厂在建造和运行期间对该地区的居民的风险降低到可接受的程度，则这个厂址就符合要求[①]。

如果核电厂址周边已经存在或拟建剧毒物品生产、加工、处理贮存设施，则要对其开展安全评价。必须审查厂址区域（包括与核电厂有关的设施）内贮存、加工、运输或处理有毒、有腐蚀性或有放射性物质的设施，以防止这些物质在正常工况或事故工况下一旦逸出时会对安全产生有害影响[②]。

通常而言，核电厂的设计和运营会考虑包括有毒有害物质在内的各类危害因素对工作人员的影响，并设计了防护和可居留措施。因此，对于剧毒物质的生产、加工、处理、贮存设施，只要

① 国家核安全局：《核电厂厂址选择安全规定》（HAF 101—1991）。

② 国家核安全局：《核电厂厂址选择安全规定》（HAF 101—1991）。

其不会威胁到核设施的安全，规划限制区内并不排斥其建设。同时，对涉及剧毒物品的各项活动，也应具有安全性要求，保证其与周边环境的相容性。

30 核电厂人员生活居住区是否为人口密集场所？若是，与法规是否矛盾？

核电厂的非居住区是以反应堆为中心，半径最小为 500 m 的范围。在非居住区范围内，只有一些暂留人员，他们一般为营运单位工程建造和运营管理工作相关的管理人员和技术人员。

核电厂规划限制区是以反应堆为中心，半径最小为 5 km 的范围，它是与非居住区相邻的、允许公众居住的区域，但这一区域的人口总数和人口密度都要有适当的控制。根据国家标准，规划限制区范围内不应有 1 万人以上的乡镇，厂址半径 10 km 范围内不应有 10 万人以上的城镇①。

核电厂人员生活居住区也属于人员密集场所，其建设应当符合上述国家标准的有关规定。例如，秦山核电厂的生活居住区在浙江省海盐县武原镇，该镇中心到最近的核电厂反应堆（方家山 1 号机组）的距离约为 11 km。

有的核电厂址如大亚湾，在长期的运营中，其周边聚集了大量人口，可能已不再符合相关标准的要求。这就要求营运单位在制定应急预案时，充分考虑生活区内人员的应急要求，设置应急集合和遮蔽场所，安排所需的车辆运力，确保事故时做到人员有

---

①《核动力厂环境辐射防护规定》（GB 6249—2011）。

效撤离。对此类历史遗留问题，需要综合社会经济发展的具体情况，综合权衡各方因素妥善解决。

31 核安全法第二十一条规定“省、自治区、直辖市人民政府应当对国家规划确定的核动力厂等重要核设施的厂址予以保护，在规划期内不得变更厂址用途。省、自治区、直辖市人民政府应当在核动力厂等重要核设施周围划定规划限制区，经国务院核安全监督管理部门同意后实施”，请问规划限制区如何确定？

规划限制区是指由省级人民政府确认的与非居住区直接相邻的区域。规划限制区内必须限制人口的机械增长，对该区域内的新建和扩建的项目应加以引导或限制，以考虑事故应急状态下采取适当防护措施的可能性[①]。《中华人民共和国放射性污染防治法》第二十三条规定核动力厂等重要核设施外围地区应当划定规划限制区，规划限制区的划定和管理办法，由国务院规定。

规划限制区的划定主要考虑两方面的因素：一是应急的需要（尤其是人口因素），以保证应急计划的可行性和有效性，实现对人员的有效防护；二是安全的需要，避免新建设施或场所威胁到核电厂安全。

规划限制区的管理涉及影响重要核设施安全的外部人为事件的确定和应急预案的实施，省、自治区、直辖市人民政府应对规划限制区进行有效管理，如限制人口的机械增长，对该区域内新建和扩建项目加以引导和限制，以确保事故应急状态下便于采取适当的防

①《核动力厂环境辐射防护规定》（GB 6249—2011）。

护措施。为了保证规划限制区的划定切实有利于保障核设施安全，规划限制区的划定必须经国务院核安全监督管理部门同意。

32 核安全法第二十二条规定“国家建立核设施安全许可制度。核设施营运单位进行核设施选址、建造、运行、退役等活动，应当向国务院核安全监督管理部门申请许可。核设施营运单位要求变更许可文件规定条件的，应当报国务院核安全监督管理部门批准”，核设施营运单位提交核设施安全许可申请后多长时间内可以获得批准答复？

核安全法第三十二条规定“国务院核安全监督管理部门应当依照法定条件和程序，对核设施安全许可申请组织安全技术审查，满足核安全要求的，在技术审查完成之日起二十日内，依法作出准予许可的决定”。由此可以看出，核安全许可所需要的时间长度，若以“天”来计算，为技术审查所需要的天数再加上 20 天。

技术审查所需要的时间主要取决于对所提申请开展技术审查的工作量和技术复杂程度。例如，对核电项目的建造许可证所开展的技术审评，最少需要 12 个月；而对核电厂运行阶段的一般性安全重要修改申请，所需的技术审评时间为数周至数月不等。2019 年 8 月，生态环境部（国家核安全局）以部令的形式发布了《核动力厂、研究堆、核燃料循环设施安全许可程序规定》，其第二十三条规定“国家核安全局对满足核安全要求的核设施安全许可申请，在技术审查完成之日起二十个工作日内，依法作出准予许可的决定，予以公告；对不满足核安全要求的，应当书面通知申请单位并说明理由”。

33 核安全法第二十二条规定“国家建立核设施安全许可制度。核设施营运单位进行核设施选址、建造、运行、退役等活动，应当向国务院核安全监督管理部门申请许可”，为何没有规定核设施的设计也要取得安全许可？

核设施安全许可制度的出发点在于确保核设施对环境和人员健康所带来的影响处于可接受的水平，即确保核设施的安全水平，这是安全许可制度的初衷。然而，许可制度往往耗费较多的行政资源，且耗费一定的时间周期，为许可证的申请者带来负担，进而形成一定的社会成本。因此，需要对有关安全许可制度开展优化，以谋求用合理的行政成本维持足够的安全水平。

在 20 世纪 50 年代民用核能开发活动的早期，美国原子能委员会（AEC）制定了核设施安全分段许可制度，为全世界各国所接受。分段开展安全许可的主要考虑是：①核能是人类新近发现的能源形式，人们对它的了解和掌握仍需要不断深入，可以通过分段许可的途径，让人们不断介入其发展进程，以调整和优化各类安全要求，让人们对核能最新的认知得以体现；②核设施的选址、建造、运行、退役周期较长，分段许可有利于对其开展连续的控制，以确保安全。

核电厂的建设过程是复杂的。其设计本身不构成一个阶段，而是各个阶段的内容。核电厂建造许可证审评的目的和内容是：审评核电厂的设计原则以便就核电厂建成后是否能安全运行得出结论[①]。对其他阶段而言，核安全许可审查的内容从本质来说也

① 国家核安全局：《核电厂安全许可证件的申请和颁发》（HAF 001/01—1993）。该文件已于 2019 年 10 月 1 日废止。

都是设计，核设施的安全许可是包含对其设计所开展的审查，因此，根据该审查结论所发放的许可就是对设计的认可。

随着核设施安全监管实践经验的不断积累，上述的核安全许可制度也在不断调整当中，如美国在 1989 年出台了新的联邦法规（10CFR 52），规定了作为另外一种路径选择的核设施的安全许可流程，具体包括以下几个阶段：设计证书（DC）、早期厂址许可（ESP）和联合执照（COL）等。类似的制度安排，在本次核安全法论证过程中也有所考虑，但由于其可能带来新设立的行政许可，与我国行政许可改革的方向有所出入，最终在核安全法中没有被采纳。

34 核安全法第二十二条规定“核设施营运单位要求变更许可文件规定条件的，应当报国务院核安全监督管理部门批准”，其中许可文件规定条件指什么？

核设施营运单位调整下列事项的，应当报国务院核安全监督管理部门批准：

（1）作为颁发运行许可证依据的重要构筑物、系统和设备。包括安全壳、一回路压力边界及重要部件、主泵、堆芯、蒸汽发生器、稳压器、余热排出系统、化容系统、安注系统、安全壳喷淋系统、反应堆和乏燃料水池冷却和处理系统、辅助给水系统等。

（2）运行限值和条件。是指经国务院核安全监督管理部门批准的，为核动力厂的安全运行列举的参数限值、设备功能和性能及人员执行任务水平等一整套规定，包括重要构筑物、系统和设备执行在安全分析报告假定的预定功能时需要遵守的限值和运行要求，具体分为四类：①安全限值；②安全系统整定值；③正常运行的限值和条件；④监督要求。

（3）国务院核安全监督管理部门批准的与核安全有关的程序和其他文件。如核电厂运行技术规范、放射性化学技术规范、质量保证大纲、核电厂重要安全系统设备定期试验监督要求等。

35 核安全法第二十三条规定“核设施营运单位应当对地质、地震、气象、水文、环境和人口分布等因素进行科学评估”，如何理解“环境”？其是否与地震、气象、水文、人口分布存在语义重复？

本条是对核设施选址所考虑的因素所作出的综合性规定，主要给出了核设施选址所必须考虑的因素，以保证核设施在整个寿期内与厂址的耦合关系符合安全标准，不至于为社会构成不可接受的风险。评价一个厂址是否适于建造一座核设施，必须考虑以下几个方面的因素①：

（1）在某个特定厂址所在区域可能发生的外部自然事件或人为事件对核电厂的影响；

（2）可能影响所释放的放射性物质向人体转移的厂址特征及其环境特征；

（3）与实施应急措施的可能性及评价个人和群体风险所需要的有关外围地带的人口密度、分布及其他特征。

这里的“地震、气象、水文”是指其从属于上述“（1）”的

① 国家核安全局：《核电厂厂址选择安全规定》（HAF 101—1991）。

几类特征；“环境”则主要是指从属于上述“（2）”的特征，包括自然环境和辐射本底环境的影响因素；人口分布主要是指从属于上述“（3）”的特征。从这个意义上来说，“环境”与“地震、气象、水文”及“人口分布”是不重复的。

36 核安全法第二十六条规定“核设施建造许可证的有效期不得超过十年”，建造许可证的有效期如何理解？是十年有效期内未完成建造就需要办理延期，还是只要有效期内开始建造即可？

一般来说，核设施技术复杂、建设周期长、政策敏感性强，很可能在取得建造许可证后，由于各种原因造成工程拖期甚至停滞等问题。若核设施建造周期拖延过长，其取得许可时的自然环境、工程设计依据等基础条件等均有可能发生较大变化，有关核安全法律法规标准要求也有可能发生较大变化，因此需要对核设施的建造许可证的有效期给予一定的时间限制。建造许可证的有效期应该理解为自国务院核安全监督管理部门批准核设施营运单位建造许可证之日开始，连续十年作为有效期。营运单位需在建造许可证有效期内完成核设施的整体建造。

按照该法律条款，核设施建造许可证有效期十年届满后即失效。许可证失效后再实施建造活动，已经超出了许可证授权的范围。因此，在发证后十年内未完成建造的，营运单位应当提前报国务院核安全监督管理部门办理延期手续，经国务院核安全监督管理部门审查批准后，营运单位方可继续其建造活动。

37 核安全法第二十六条规定“核设施建造许可证的有效期不得超过十年”，请问核设施建造许可证的有效期为什么是十年？

核安全法第二十六条规定核设施建造许可证的有效期不得超过十年，该时限的考虑因素如下：

一般而言，行政许可是一种有条件的授权行为。核安全行政许可是对那些确信具备条件的组织或个人所开展的授权行为，准许其开展与核安全有关的活动。然而，一个组织或个人所拥有的资源、能力和条件是不断发展变化的，同时，核安全要求也是随着人们认识的发展而不断发展变化的。任何组织或个人一时满足了核安全法规要求，并不代表永远满足该要求。

具体而言，由于核设施投资成本高、建设周期长、政策敏感性强等特点，在建造阶段可能会由于公众反对、国家政策变更、国际环境变化等各种原因导致核设施建造许可证条件发生变化。为此，为核设施的建造许可证确定一个有效期是符合实际情况的做法。即便不给建造许可证设置有效期，核设施的建造也可能因为外界因素的影响而停止，例如，我国台湾地区有关“核子反应器设施管制”的规定，仅对运行许可证规定期限为 40 年，而对于建造许可证并未规定有效期限，我国台湾地区的龙门核电厂（核四）却因为反核人士的政策影响力而被迫中断[①]。

对于核设施建造许可证的期限给出较为明确规定的国家是美国，按照美国联邦法规 10CFR 50.51 的要求，“任何一项核设施的许可证期限为 40 年”，这既包括运行许可证期限为 40 年，也包

① https：//en.wikipedia.org/wiki/Lungmen_Nuclear_Power_Plant#History.

括建造许可证期限为 40 年。按照美国联邦法规 10CFR 52.26，核设施可以选用另外一套许可体系，其中的早期选址许可（early site permit）的有效期不小于 10 年、不大于 20 年。按照美国联邦法规 10CFR 52.104，由建造许可证和运行许可证所合并而成的“合并执照”（combined license）有效期不超过 40 年。

核设施的建造期限还可以通过另外的方式来予以规定。一种情况是通过标准设计证书的时限来进行规定，如按照美国联邦法规 10CFR 52.55，核电机组标准设计证书（design certification）的有效期为小于 15 年，韩国的《核安全法》第十二条规定核电机组的标准设计有效期为 10 年。若核电厂严格按照某一标准设计开展建设而不再重新调整为新版标准设计，在美国或韩国分别需要在 15 年或 10 年内完成建造。这虽然属于极端的情况，但可以让我们了解核设施建造的时限要求。另一种情况是通过定期安全评价来规定许可证的期限，如法国的《核透明与安全法》第 29 条第Ⅲ款规定，核设施定期安全审查的时间间隔为 10 年，这就意味着核设施营运单位需要每隔 10 年对其核设施进行安全评价，并将评价结果提交核安全监管当局进行审查。

我国核安全法将核设施建造许可证的有效期定为 10 年，是综合考虑我国核设施建造实际情况和国际同行普遍实践的结果。这个有效期不能太长，否则难以适应核设施所处的自然条件、拥有的资源和核安全法律法规的变化，也不能太短，否则会带来不必要的人力、物力负担。据此，立法者认为将其规定为 10 年是合适的。

38 核安全法第二十六条规定“核设施建造许可证的有效期不得超过十年。有效期届满，需要延期建造的，应当报国务院核安全监督管理部门审查批准。但是，有下列情形之一且经评估不存在安全风险的除外：（一）国家政策或者行为导致核设施延期建造；（二）用于科学研究的核设施；（三）用于工程示范的核设施；（四）用于乏燃料后处理的核设施”，为何以上四类情况可不受建造许可证有效期十年的限制？

核设施营运单位在取得国务院核安全监督管理部门颁发的建造许可证后，将按照许可条件开始核设施的建造。根据国际实践经验，由于核设施投资成本高、建设周期长、政策敏感性强，在建造阶段可能会由于公众反对、国家政策变更、国际环境变化等各种原因导致核设施建设拖期、暂停甚至终止。例如，2011 年发生的福岛核事故对全球核电发展都造成了巨大影响，直接导致日本终止新建核电厂、德国终止核电发展。同时核电发展与国家政策息息相关，中长期计划、五年经济计划的变更均会对核电建设造成巨大的影响。

申请建造许可证，核设施营运单位需要提交数量众多文件资料，做出多项论证，国务院核安全监督管理部门也需要组织大量的审评研究，耗费较多的行政资源。为此，一般情况下，除非确有必要，否则国务院核安全监管部门尽量不重复开展核设施许可审评。

用于科学研究的核设施、用于工程示范的核设施、用于乏燃料后处理的核设施，不同于量化、标准化核动力厂的建设，其本身具有特殊性，很多都是全球首例，或处于探索创新的阶段，所遇到的工程技术问题远远多于成熟的堆型，因此其建造周期可能更长，从而让建造方承担更大的投资风险。从人类社会发展的长远考虑，政府应当对类似的创新活动予以支持和鼓励。为此，对于上述三类特殊核设施的建造许可证有效期给予特殊宽限，有利于减少投资风险，有利于鼓励在核能开发领域的创新发展。

针对第一种情况，即“国家政策或者行为导致核设施延期建造”的情形不受许可证有效期的限制，其主要考虑是推动政府为自身的行为负有责任，提高行政决策的规范性。

39 核安全法第二十七条规定“核设施营运单位取得核设施运行许可证后，应当按照许可证的规定运行”，请问所有的核设施都需要申请许可证吗？

包含核设施建造与运行在内的任何核能开发和利用活动均要遵守安全的原则，该原则要求核能的开发利用活动应当以保护人体健康和环境免受不当电离辐射的危害的方式进行，当核能发展与安全相冲突时，应将安全置于优先地位。安全原则是核安全法的核心原则，是核安全监管的出发点和落脚点，也是核能开发利用活动必须遵循的前提。

之所以倡导安全原则，是因为核能的开发利用活动会产生危害人体健康和环境的电离辐射，尤其是核事故会给人体健康、社会和环境造成巨大危害和创伤。例如，苏联切尔诺贝利核事故不仅导致大量的人员伤亡，而且还造成跨国核污染；日本福岛核事故对当地造成的环境污染也十分严重，直到现在都还在评估当中。

安全原则就是要采取有效措施将核能开发利用行为的风险控制在社会可接受的范围之内。正如国际原子能机构的《核法律手册》指出的，“任何法律机制的基础目的就是在社会的风险和利益中取得平衡，若某项活动的风险超过了利益，此时，保护公共健康、安全、安保和环境必须被给予优先权”。因此，要对核设施和核活动采取监管措施，以确保安全。

为了满足安全的原则，需要对核能开发利用行为实施安全许可制度。该制度要求，未经核安全监管部门许可，任何个人和单位都不得从事核能开发利用活动。核安全监管部门通过对计划中的核能开发利用活动进行安全审查和评价，根据审查和评价结论仅对符合安全条件的申请予以同意，并颁发许可证，从而可以在源头上起到防范风险的作用。

40 不同的核设施的安全特性不同，核安全法中却不做区分，发放了同类的许可证。请问在审评和发放核安全许可证时，是否应该按照核设施的不同种类区别对待？

核设施依据其原理、功能可以区分为不同的类别，如核燃料纯化转化设施、反应堆（又可以分为核动力堆和研究性反应堆）、乏燃料后处理设施、放射性废物处理处置设施等。每一类核设施又依据其燃料装载量、功率规模等因素存在大小之分。例如，在我国核安全监管实践中，主要依据反应堆热功率的大小将研究性反应堆分为Ⅰ类研究堆（热功率一般小于 500 kW，对个别固有安全性较高的堆型可将上限提高至 1 MW）、Ⅱ类研究堆（热功率大于 500 kW、小于 1 MW）、Ⅲ类研究堆（热功率大于 1 MW、小于 300 MW）。不同类别的核设施的风险有所不同，可以对其采取分级管理措施，目的是有效利用有限资源，对重点风险源投入更多资源开展监管，对于一般风险源投入较少资源开展监管，这既有利于提高总体核安全水平，也有利于降低营运单位的负担。对不同类别的核设施实施不同的监管策略，既是可行的，也是必要的。

为了实现上述的分级监管策略，主要有两种做法：

一种做法是，通过设置不同层级的法规标准要求来实现对不同核设施的分类监管。我们通常将核安全法规体系理解为包括了不同层级文件的金字塔式文件体系。在核安全法规体系的较高层面上，通常为核安全法律或行政法规，更多地强调各种类别核设施的同一性，并忽略其特殊性；在核安全法规体系的较低层面上，通常为导则和技术文件，更多地考虑不同类别核设施的特殊性，如利用“安全分析报告的格式与内容”等文件来对具体的要求做出详细规定，来区分核安全监管当局对不同核设施的监管要求。这种做法的实例如下：

美国联邦法规 10CFR 50.10（C）提出了建造许可证的申领要求；10CFR 50.45 提出了取得运行许可证或“合并许可证”前需要取得建造许可证的要求；10CFR 50.57 提出了运行许可证的申领要求。以上三条都是针对普遍意义上的核设施（utilization facility）而言的（按照定义[①]，该核设施指的是除了生产堆以外的所有类别的核设施），并不涉及任何具体要求。至于具体的监管要求，美国核管制委员会通过制定导则（RG 系列）或监管技术文件系列（NUREG）来予以详细规定。

另一种做法是，在核安全法律法规体系的顶层文件层面制定不同的要求，来实现对不同类别的核设施的分级管理。例如，韩国的《原子能法案》即针对不同的核设施制定了不同的监管要

① 美国联邦法规 10CFR 50.2。

求，包括许可证申领要求。在该法[①]的第11条中，规定了核动力反应堆的建造许可证申领要求；第21条中，规定了核动力反应堆的运行许可证申领要求；第31条中，规定了核动力反应堆的退役许可证申领要求；第33条中，规定对于"用于科研和教育"的研究性反应堆，需要申领"建造和运行许可证"的要求（可以理解为该两项许可不再分设）；第76条中，规定了放射性废物的暂存、贮存和处置设施需要申领"建造和运行许可证"的要求（也可以理解为两项许可不再分设）。这些都是一些具体的要求，在美国是通过较低层面的导则和技术文件等予以规定的，而在韩国，却是利用较高层面的法律来予以规定的。

在我国核安全立法实践中，立法者遵从我国的立法习惯和传统，在法律法规层面注重提取调整对象的共性特征，做出重大法律制度安排；对于那些具体的技术性细节，一般通过下层法规或规范性文件予以规定。这样做的好处，主要是能够保证法律的普适性和灵活性——一旦需要在技术层面做出修订，仅仅需要在较低层面、较小范围通过程序即可，不需要召开高层次的委员会会议，从而便于实施。因此，我国的核安全法参照美国的做法，仅在法律层面中规定普适性的基本要求，即核设施的分阶段许可要求，而对于不同种类核设施的不同监管要求，则通过下层文件来予以规定。例如，2019年8月26日，生态环境部发布了《核动力厂、研究堆、核燃料循环设施安全许可程序规定》，对核动力厂、研究堆、核燃料循环设施许可证的申请、受理、审查、变更和延续等做出了详细的规定。

① Atomic Energy Act，amended by 2003.5.15 Act No.6873.

41 核安全法第二十八条规定“核设施运行许可证有效期届满需要继续运行的，核设施营运单位应当于有效期届满前五年，向国务院核安全监督管理部门提出延期申请，并对其是否符合核安全标准进行论证、验证，经审查批准后，方可继续运行”，请问许可证的延期论证的依据是什么？提出延期申请时，要提供哪些资料或报告？

由于核电厂的设计留有一定的安全裕度，一般在核电机组运行至设计寿期末时，其发生的机组瞬态尚未达到设计所考虑的频次，主要设备依然具备继续服役的能力。如果能在机组运行期间严格按照核安全法规的要求加以管理，建立有效的老化管理制度，通过许可证延期的方式，将现有核电站的寿命延长 20 年，从而在确保核电机组安全性的前提下，最大限度地发挥核电厂的经济效益。从本质上说，核电厂运行许可证有效期限的延续并不是一种“延寿运行”，而是在核电厂具有可接受的技术性能和安全水平条件下的“实际寿期”内运行行为。

我国的秦山核电厂 300 MWe 机组于 1991 年投入运行，设计寿期为 30 年；大亚湾核电厂 1994 年投入运行，目前运行时间已超过设计寿期的一半。基于广泛的国际实践，目前我国一些核电厂营运单位开始考虑核电厂运行许可证有效期限的延续问题。《中华人民共和国行政许可法》对行政许可的变更与延续给出了一般性的规定，《核动力厂、研究堆、核燃料循环设施安全许可程序规定》（2019 年 10 月 1 日实施）则给出了具体规定：

核设施运行许可证有效期届满需要继续运行的，核设施营运单位应当对核设施是否符合核安全标准进行论证、验证。满足核安全标准要求的，应当于许可证有效期届满前五年，向国家核安全局提出运行许可证有效期延续申请，并提交下列材料：

（一）核设施运行许可证有效期延续申请书；

（二）核设施运行许可证有效期延续的安全论证、验证报告，以及老化管理大纲、修订的环境影响评价文件、核安全相关的工程改进措施和计划等与核设施安全论证、验证相关的材料；

（三）增补或者修改的最终安全分析报告；

（四）法律、行政法规规定的其他材料。

核设施运行许可证有效期届满，运行许可证有效期延续申请经国家核安全局审查批准后，核设施方可继续运行。未获得国家核安全局批准的，核设施不得继续运行。

核设施运行许可证有效期延续的期限按照核设施的实际状态和安全评估情况确定，但每次不超过二十年。

42 核安全法第二十八条规定“核设施运行许可证有效期届满需要继续运行的，核设施营运单位应当于有效期届满前五年，向国务院核安全监督管理部门提出延期申请，并对其是否符合核安全标准进行论证、验证，经审查批准后，方可继续运行”，核设施营运单位对核设施的论证、验证，是否应该委托第三方机构或非利益相关方进行?

核安全法要求营运单位在开展核设施运行许可证的延续时，要对该核设施是否符合核安全标准进行论证、验证。由此可以看出，论证、验证行为的主体是核设施的营运单位。一般而言，核设施营运单位在开展有关安全论证、验证工作时，会根据工作需要，委托或聘用有能力的单位或个人参与进来，以确保论证、验证工作的专业化水平。根据核安全责任划分，无论是委托其他技术支持单位，还是组织自身的力量来开展论证、验证，核设施营运单位作为核安全责任的全面承担者，都要为该项工作的质量负责，这是营运单位承担全面核安全责任的应有之义。

43 核安全法并未规定要对核电厂首次装料批准书进行许可，但按照《中华人民共和国放射性污染防治法》需要对核设施装料活动进行审批，如何执行？

在我国以往的核安全监管法规体系中，将核设施首次装投料作为一项单独的许可，与核设施选址、建造、运行、退役并列。对核电厂首次装料批准书许可的目的是：确定核电厂是否按认可的设计建成，是否符合核安全法规要求，是否已达到要求的质量并有完整合格的质量保证记录。

核安全法没有将核电厂首次装投料批准列为许可项，而是将其与运行许可证合二为一。

从核安全角度来看，核设施只有装料才会产生放射性的现实核风险，国际上也普遍认为核设施首次装投料即是运行的开始，如美国就不对核设施首次装投料批准列为许可，仅对运行进行许可，这样不仅简化了行政许可，也提高了效率。简言之，将首次装料批准书与运行许可证合并，是厉行精简行政许可事项，提高行政审批服务质量和水平的重大举措。

44 核安全法第二十五条和第三十条分别规定核设施建造前、退役前，核设施营运单位应当向国务院核安全监督管理部门提交环境影响评价文件，但第二十七条核设施首次装投料前要求核设施营运单位提交的文件资料中没有“环境影响评价文件”，请问核设施营运单位在装投料前是否需要提交该文件？

《中华人民共和国放射性污染防治法》第二十条规定“核设施营运单位应当在申请领取核设施建造、运行许可证和办理退役审批手续前编制环境影响报告书，报国务院环境保护行政主管部门审查批准；未经批准，有关部门不得颁发许可证和办理批准文件”。

核安全法未明确要求核设施营运单位应就核设施首次装投料向国务院核安全监督管理部门提交环境影响评价文件，但根据《中华人民共和国放射性污染防治法》，核设施营运单位应就核设施首次装投料向国务院环境保护行政主管部门提交环境影响评价文件。按照当前我国的行政机构设置，上述两个部门均为生态环境部（国家核安全局）。

45 核安全法第二十九条规定“核设施终止运行后，核设施营运单位应当采取安全的方式进行停闭管理”，核设施营运单位在停闭过程中如何管理？

核设施的停闭是指核设施已经停止运行，并且预期不再启动的状态。停闭是核设施运行至退役之间的过渡状态，该阶段核材料并没有被移出核设施，仍然存在现实的核风险。核设施营运单位应当按照核设施的运行安全要求开展停闭管理，具体内容包括：①保持核燃料或核材料的高水平安全；②保持放射性废物始终处于安全状态；③对多机组布置的核设施，保持其公用系统的可用性；④为后续的退役活动做好充足的人力资源储备、知识储备和资金储备。最新发布的《核动力厂、研究堆、核燃料循环设施安全许可程序规定》第十七条规定“核设施终止运行后，核设施营运单位应当制定停闭期间的安全管理措施，采取安全的方式进行停闭管理，保证停闭期间的安全，确保退役所需的基本功能、技术人员和文件，并接受国家核安全局的监督检查”。

46 核安全法第二十九条规定“核设施终止运行后，核设施营运单位应当采取安全的方式进行停闭管理”，核设施营运单位是否可以保持核设施一直处于停闭状态而不申请退役？

停闭实际上是核设施不能运行，但也无法立即执行退役活动的中间状态，是核设施运行至退役之间的过渡阶段。停闭期间，核设施的安全必须得到保障。

核设施营运单位在设施将进入停闭状态的第一时间，就应立即启动退役准备及申请，尽快实施退役活动。核设施营运单位在核设施停闭期间，应当采取足够的安全措施来保证核安全，且要为后续核设施退役储备相应资源，作出相应准备。从核设施进入停闭状态到向核安全监管部门提交退役申请的时间间隔推荐为 2 ～ 5 年[①]。

目前，我国关于停闭的指导性文件尚未出台，停闭时间因核设施所处不同状态、不同情况而不同，出于确保安全和降低运行成本考虑，原则上停闭时间应该尽量短。

① IAEA Decommissioning of Facilities GSR part.6.

47 核安全法第三十条规定“核设施退役前，核设施营运单位应当向国务院核安全监督管理部门提出退役申请，并提交下列材料：（一）核设施退役申请书；（二）安全分析报告；（三）环境影响评价文件；（四）质量保证文件；（五）法律、行政法规规定的其他材料”，其中安全分析报告指的是什么，是否为最终安全分析报告？

按照我国核安全法规，核设施营运单位申请核设施场址选择审查意见书需向国务院核安全监督管理部门提交核设施选址安全分析报告；核设施营运单位申请核设施建造许可证需向国务院核安全监督管理部门提交核设施初步安全分析报告；核设施营运单位申请核设施运行许可证需向国务院核安全监督管理部门提交核设施最终安全分析报告；核设施营运单位申请核设施退役许可证需向国务院核安全监督管理部门提交核设施退役安全分析报告。这四种安全分析报告相互联系，但内容不同。

核设施退役时提交的安全分析报告是核设施营运单位选择退役策略、设计退役方案、制订退役计划的基础性依据文件之一，安全分析也是安全评价的一部分，其目的是预测、辨识和分析退役活动中存在的危险、有害因素以及可能导致的后果，提出合理可行的安全应对措施，提出消除或减弱危险及有害因素的技术和管理措施及建议，从而达到安全退役的最终目标。

48 核安全法第三十条规定“核设施退役时，核设施营运单位应当按照合理、可行和尽可能低的原则处理、处置核设施场址的放射性物质，将构筑物、系统和设备的放射性水平降低至满足标准的要求”，这里的放射性物质指什么？是放射性废物吗？

放射性物质指表现出放射性（即释放出电离辐射或离子）的物质，包括核燃料、核燃料初级产品及衍生物、放射性废物、放射源、辐照活化产物、放射性沾污物等。退役过程将产生大量的放射性废物。

退役工作的关键任务是妥善处理处置核设施中的放射性物质：①要对核设施开展调查，确定放射性物料的存量和位置，确定核设施内外表面的各种放射性核素、最大和平均剂量率，以及污染水平，尤其要注意可能遗留的任何易裂变材料；②要对残留的工艺物料开展清除和关停后的清洗，包括各类预计到的和预计不到部位的乏燃料、新燃料、富集铀、富集钚或其他高放废物；③要开展去污工作，清除或减少材料、构筑物和设备内外表面的放射性污染，以降低工作人员的辐射危害，减少需要处置的废物量；④要开展拆除工作，过程中尽可能将产生的放射性废物放在最终处置容器中，以避免二次处理导致的污染。

49 核安全法第三十条规定“核设施退役后，核设施所在地省、自治区、直辖市人民政府环境保护主管部门应当对核设施场址及其周围环境中所含的放射性核素的种类和浓度组织监测”，请问核设施所在地省、自治区、直辖市人民政府生态环境主管部门进行监测的频次、时间如何确定？

核设施的退役，是指采取去污、拆除和清除等措施，让不再使用的核设施所在场所或其设备的辐射剂量满足国家相关标准的要求。核设施的退役是核设施存在的最后阶段，退役后，原核设施的营运单位确保核安全的法律责任不再延续。

然而，由于其运行活动可能曾向环境排出放射性核素，或是产生了放射性核素的遗留，退役后的核设施依然可能对环境造成长期影响。例如，核设施退役策略中的延迟拆除和退役封存，均造成了核设施所在场所的放射性遗留，可能对周围环境和居民产生长期的放射性影响；又如，对采取了立即拆除措施的核设施，即便人们一度通过努力使核设施场所达到了无限制使用的水平，也可能在未来某个时间点，由于核安全法规标准的变迁，不再满足核安全要求。

为了确保环境安全和人民群众的身体健康免受不当核辐射的危害，核安全法规定由核设施所在地省、自治区、直辖市人民政府生态环境主管部门负责组织长期的监测，来弥补营运单位消失后的核设施场所辐射安全要求。

由于不同核设施退役活动千差万别，一般难以给出一种统一的方法作为退役核设施场所的监测要求，所以必须采取一事一议的方式，综合考虑周围环境条件和人口情况、设施拆除和去污情况、地方的财政资源情况等因素，合理确定辐射环境监测要求。

50 核安全法第三十一条规定“进口核设施，应当满足中华人民共和国有关核安全法律、行政法规和标准的要求，并报国务院核安全监督管理部门审查批准”，如何界定进口核设施？对该类进口核设施的审查与其他核设施又有什么不同？

我国核工业起步于60年前，较世界主要工业化国家晚了数十年。为了实现核工业的跨越式发展，我国需要积极引进吸收核工业先进国家的技术。尤其是在改革开放后，我国核工业从军工向民用转轨，这种需求越发强烈。20世纪80年代，我国从法国引入了M310核电技术，建设了大亚湾核电厂；90年代，从加拿大引入了CANDU核电技术建设了秦山第三核电厂，从俄罗斯引入了VVER核电技术建设了田湾核电站；21世纪，我国从美国引入了AP1000核电技术，建设了三门核电厂和海阳核电厂。当前，我国也在考虑引进法国的乏燃料后处理设施。这类核设施主要有以下特点：①由境外单位完成了相对成熟的开发和设计；②由境外单位参与建造，其设备的采购主要来自国际供应商；③其安全审评由技术出口国的核安全监管当局实施，并给出了符合技术输出国核安全法规要求的审评结论，且这些结论成为我国颁发建造许可证的重要参考。

通常，我们将此类引进的技术所建造的第一代核设施称为进口核设施。另外，对于小型反应堆，有可能在国外进行整机设计和制造，其引入后，也属于进口核设施。核安全法规定对此类核设施需要开展的审查和批准，是指在营运单位向国务院核安全监管部门正式提交建造许可证申请前，由国务院核安全监管部门提前开展的技术审查工作。其主要的考虑是：

（1）按照我国的核安全监管实践，在营运单位提交建造许可证后，国家核安全局通常只有一年的时间开展核安全审评，时间压力较大，为确保核安全审评的质量，往往需要审评与被审评双方的超常付出。如果能够保障充足的时间来开展审评，将有效提高工作的计划性，保证工作质量。

（2）在我国实施技术引进时，这些进口堆型的研发活动主要在境外完成。技术的开发、试验和论证过程中产生的大量与核安全有关的信息通常不能完全汇总到文件中，甚至还会因为研发人员流失等情况产生了知识的失传。如果能够让核安全审查人员较早地进入核安全审评工作中，势必极大地提高他们对核安全问题的理解深度。

（3）对批量建设的核电堆型进行前期审查，也是各国核安全监管当局的普遍做法，如美国和韩国的核安全监管机构，均对新堆型进行设计许可证审查，英国核安全监管机构则设置了总体设计评价（generic design assessment）制度，作为收费服务，获取了数以亿计英镑的经济收入。

51 核安全法第三十一条规定“出口核设施，应当遵守中华人民共和国有关核设施出口管制的规定”，请问如何开展出口管制?

出口核设施的监督管理主要参照《中华人民共和国核出口管制条例》《中华人民共和国核两用品及相关技术出口管制条例》《核出口管制清单》管理。对核设施、核技术的监督管理主要是为了加强对核出口的管制，防止核武器扩散，防范核恐怖主义行为，维护国家安全和社会公共利益，促进和平利用核能的国际合作。我国对核出口实行严格管制，严格履行所承担的不扩散核武器的国际义务。严格限制铀浓缩设施、设备，辐照燃料后处理设施、设备，重水生产设施、设备等物项及其相关技术等核扩散敏感物项，以及可以用于核武器或者其他核爆炸装置的材料的出口。

对核出口审查、许可，遵循以下准则：①接受方政府保证不将中国供应的核材料、核设备或者反应堆用非核材料以及通过其使用而生产的特种可裂变材料用于任何核爆炸目的。②接受方政府保证对中国供应的核材料以及通过其使用而生产的特种可裂变材料采取适当的实物保护措施。③接受方政府同国际原子能机构签订有效的全面保障协定。④接受方保证，未经中国国家原子能机构事先书面同意，不向第三方再转让中国所供应的核材料、核设备或者反应堆用非核材料及其相关技术；经事先同意进行再转让的，接受再转让的第三方应当承担相当于由中国直接供应所承担的义务。⑤接受方政府保证，未经中国政府同意，不得利用中国供应的铀浓缩设施、技术或者以此技术为基础的任何设施生产富集度高于 20% 的浓缩铀。

同时，为保证核出口安全，核出口仅由国务院指定的单位专营，任何其他单位和个人不得经营。

52 核安全法第三十四条规定“国务院核安全监督管理部门成立核安全专家委员会，为核安全决策提供咨询意见”，请问核安全专家委员会的人员构成是怎样的?

《中华人民共和国民用核设施安全监督管理条例》第五条对

核安全专家委员会进行了专门规定。当前，我国核安全专家委员会下属若干专业委员会，其成员有来自核工业界、科研机构、高校的资深专家组成。新一届的国家核安全专家委员会共128人（其中院士21人），具有较高的理论水平、丰富的实践经验和一定的社会影响力，具有广泛的代表性。一直以来，核安全专家委员会在我国核安全监管工作中发挥了重要的作用，尤其是在政策、法规和规划的制定、重大事件的调查处理、重要核安全许可等方面。

国际上也有类似实践，如法国核安全局（ASN）的专家委员会（GP）就和我国非常类似，美国核管会（NRC）的反应堆保障咨询委员会（ACRS）也是由专职资深专家组成。

53 核安全法第三十四条规定“国务院核安全监督管理部门成立核安全专家委员会，为核安全决策提供咨询意见”，请问核安全专家委员会出具的意见与国务院核安全监管部门的意见是什么关系?

核安全专家委员会是由国务院核安全监督管理部门组织成立的，由我国核科学与技术领域顶级专家组成的非常设咨询委员会，旨在发挥专家在核安全领域的重要作用，强化核安全决策的正当性，推动国务院核安全监管部门决策的专业化和科学化。

核安全专业知识涉及范围广，技术复杂。在核安全监管过程中，需要建立专门的专家咨询机构，以充分利用国内核安全专家力量，对重大核安全问题技术决策、核安全规划和标准的制定提出咨询意见，弥补行政部门及其技术支持单位在某些专业领域或者某些实践经验上的不足，同时优化技术决策流程，减少个人的自由裁量权，有利于提高监管决策的科学性，提升核安全监管的有效性。这是我国核安全监管良好的历史经验，也是国际核安全监管的普遍实践[①]。

国务院核安全监管部门在做出重大核安全决策时，常常咨询核安全专家委员会，该委员会所提的意见是咨询意见，供国务院核安全监督管理部门在做出决定、制定政策、法规、规划时参考。

54 核安全法第三十五条规定“国务院有关部门应当建立核安全经验反馈制度，并及时处理核安全报告信息，实现信息共享”，经验反馈的具体内涵是什么？

核安全经验反馈制度是指按照既定的工作程序，收集、筛选、评价核安全重要信息（尤其是重要安全事件），必要时开展深入调查，分析事件的直接原因或根本原因，并及时分享和应用分析结果，以便推广良好实践，吸取经验教训，避免同类事件重复发生，共同提高核安全管理水平。[②]

经验反馈制度通过信息的共享实现以下目的：①实现经验反馈信息收集、筛选、调查和分析、纠正行动、趋势分析、信息发布、交流和利用以及有效性评估等各要素环节的信息化管理，实现全过程的闭环控制；②实现经验反馈流程在核电建设研发设计、设备制造、采购、建安、调试和运行服务各个环节之间的循环和无缝衔接，形成畅通的经验交流和信息反馈的电子化渠道；

① 许安标、刘华等：《中华人民共和国核安全法释义》，中国民主法制出版社，2017 年版。

② 许安标、刘华等：《中华人民共和国核安全法释义》，中国民主法制出版社，2017 年版。

③实现经验反馈工作在不同单位之间的协同开展；④实现经验反馈工作流程和责任的密切结合；⑤完成经验反馈信息的数据统计与分析，为经验反馈体系整体运作监控提供数据支持。经验反馈信息化平台既可以单独开发，也可以在单位内已有的其他信息化平台的基础上通过增加模块等方式实现。[①]

55 核安全法第三十六条规定“为核设施提供核安全设备设计、制造、安装和无损检验服务的单位，应当向国务院核安全监督管理部门申请许可”，此处的无损检验服务主要指什么？

《民用核安全设备设计制造安装和无损检验监督管理规定（HAF 601）》第七条规定：申请领取民用核安全设备无损检验许可证的单位，应当按照无损检验方法向国务院核安全监管部门提出申请。无损检验方法包括射线检验（RT）、超声检验（UT）、磁粉检验（MT）、涡流检验（ET）、渗透检验（PT）、泄漏检验（LT）、目视检验（VT）等。核安全法中为核设施提供核安全设备无损检验服务是指提供《民用核安全设备设计制造安装和无损检验监督管理规定（HAF 601）》中规定的无损检验方法的服务。

① 《核电建设全过程经验反馈机制的构建和运行》。

56 核安全法第三十六条规定“为核设施提供核安全设备设计、制造、安装和无损检验服务的单位，应当向国务院核安全监督管理部门申请许可”，请问为核设施提供核安全设备设计、制造、安装和无损检测服务的单位如何申请许可？

民用核安全设备设计、制造、安装和无损检验单位应当按《民用核安全设备监督管理条例》规定申请领取许可证。申请领取民用核安全设备设计、制造、安装或者无损检验许可证的单位，应当向国务院核安全监管部门提出书面申请，并提交符合规定的证明材料。

国务院核安全监管部门应当自受理申请之日起45个工作日内完成审查，并对符合条件的颁发许可证，予以公告；对不符合条件的，书面通知申请单位并说明理由。国务院核安全监管部门在审查过程中，应当组织专家进行技术评审，并征求国务院核行业主管部门和其他有关部门的意见。技术评审所需时间不计算在审查规定的期限内。

57 核安全法第三十六条规定“为核设施提供核安全设备设计、制造、安装和无损检验服务的单位，应当向国务院核安全监督管理部门申请许可。境外机构为境内核设施提供核安全设备设计、制造、安装和无损检验服务的，应当向国务院核安全监督管理部门申请注册”，请问境外机构申请注册与境内单位的申请许可的要求有何不同？

核安全设备设计、制造、安装和无损检验活动的质量会对核安全设备的稳定运行产生直接或潜在的影响，从而对核设施的安全造成危害，因此，有必要对从事核安全设备设计、制造、安装和无损检验活动的单位实行许可管理。

我国核工业起步较晚，重要设备生产设计能力弱，质量保证体系建设不完善，质量意识薄弱。国内核工业实践中就曾发生由于无损检验单位能力不足或管理不善导致设备缺陷漏检，最终造成重大经济损失的案例。国家核安全局多年来的监管实践表明：核设备设计、制造、安装和无损检验是核安全设备活动的重要环节，这类活动行政许可工作的开展，对保证我国核安全设备的质量起到了保障作用。无损检验属于一种特殊工艺，对技术、经验方面有着很高的要求，为保证无损检验活动的质量，《民用核安全设备监督管理条例》第十二条规定，民用核安全设备设计、制造、安装和无损检验单位应当依照本条例规定申请领取许可证。第十三条规定，申请领取民用核安全设备设计、制造、安装或者无损检验许可证的单位，应当具备下列条件：①具有法人资格；②有与拟从事活动相关或者相近的工作业绩，并且满 5 年以上；③有与拟从事活动相适应的、经考核合格的专业技术人员，其中从事民用核安全设备焊接和无损检验活动的专业技术人员应当取得相应的资格证书；④有与拟从事活动相适应的工作场所、设施和装备；⑤有健全的管理制度和完善的质量保证体系，以及符合核安全监督管理规定的质量保证大纲。申请领取民用核安全设备制造许可证或者安装许可证的单位，还应当制作有代表性的模拟件。

国际上部分国家对核安全设备监管多采用核安全监管机构监管下的独立第三方模式。结合我国的工业基础、行业管理理念、第三方机构认证体系发展与现状等具体情况，在我国实施核安全设备活动资格许可制度，有利于提高核安全设备活动单位的安全文化和从事生产活动的有效性，促使产品质量满足核安全法规和相关标准、规范的要求，体现纵深防御原则，进一步提高核安全设备质量。

注册是国务院核安全监督管理部门对境外单位已经取得的资质及技术能力等情况的确认，《进口民用核安全设备监督管理规定（HAF 604）》对境外单位注册给出了相关规定：

境外单位应当事先到国务院核安全监管部门申请注册登记。

拟从事民用核安全设备设计、制造或者安装活动的，应当按照活动种类（设计、制造、安装）、设备类别和核安全级别提出申请。

申请注册登记的境外单位，应当符合《民用核安全设备监督管理条例》第三十一条规定的条件，主要包括：

（一）遵守中华人民共和国法律、行政法规的规定；

（二）为所在国家（地区）合法设立的经营企业；

（三）具有与拟从事活动相关的工作业绩，并且满5年以上；

（四）具有与拟从事活动相适应的工作场所、设施和装备，以及经考核合格的专业技术人员；

（五）具有与拟从事活动相适应的质量保证体系；

（六）已取得所在国核安全监管部门规定的相应资质；

（七）使用的民用核安全设备设计、制造、安装和无损检验技术是成熟的或者经过验证的；

（八）采用中华人民共和国的民用核安全设备国家标准、行业标准或者国务院核安全监管部门认可的标准。

上述规定，“事先”强调了境外单位注册的时间要求，即境外单位欲为中华人民共和国境内核设施进行核安全设备设计、制造、安装和无损检验活动，在活动开始前应当向中华人民共和国国务院核安全监督管理部门提出注册申请并被准予注册。未予注册的境外单位不得为中华人民共和国境内核设施进行核安全设备设计、制造、安装和无损检验活动。

境外单位注册是国务院核安全监督管理部门对境外单位已经取得的资质及技术能力等情况的确认。也就是说注册本身包含着一个审核的过程，即只有当监管部门认为该境外企业具有与拟从事核安全设备设计、制造、安装和无损检验等活动相适应的人员、工作场所、设施装备、质量保证体系时方可注册。同时，在准予注册前还要充分考虑该企业过往类似产品的制造经验、质量、业绩等情况。

58 核安全法第三十七条规定“核设施操纵人员以及核安全设备焊接人员、无损检验人员等特种工艺人员应当按照国家规定取得相应资格证书”，对这些特种工艺人员的许可证有何规定？

《中华人民共和国民用核设施安全监督管理条例》及其实施细则对核设施操纵人员资格证书进行了规定。核电厂操纵员执照和高级操纵员执照的申请者由核电厂主管部门负责考核，由国家核安全局核准并颁发相应执照。目前，生态环境部（国家核安全局）正在制定民用核设施操纵人员执照管理办法。

《民用核安全设备无损检验人员资格管理规定（HAF 602）》对民用核安全设备无损检验人员的考核和管理工作进行了规定。

《民用核安全设备焊工焊接操作工资格管理规定

（HAF 603）》对民用核安全设备焊工、焊接操作工的资格管理进行了规定。

59 核安全法第三十八条规定针对核材料要“建立信息保密制度，采取保密措施”，请问关于核材料信息有哪些保密规定?

核材料在核安全法第二条中被定义为：①铀 -235 材料及其制品；②铀 -233 材料及其制品；③钚 -239 材料及其制品；④法律、行政法规规定的其他需要管制的核材料。

1987 年颁布的《中华人民共和国核材料管制条例》第十四条规定：核材料持有单位必须切实做好核材料及其有关文件、资料的安全保密工作。凡涉及国家秘密的文件、资料，要按照国家保密规定，准确划定密级，制定严格的保密制度，防止失密、泄密和窃密。对接触核材料及其秘密的人员，应当按照国家有关规定进行审查。

2017 年颁布的核安全法第三十八条规定核设施营运单位及核材料持有者应建立信息保密制度，采取保密措施。

在我国作为缔约方并已生效的《核材料和核设施实物保护公约》中有如下要求：

4.3 保密

4.3.1 国家应该采取步骤确保充分保护那些若被擅自泄露可能损害核材料和核设施实物保护的具体资料或详细资料。它应规定实物保护系统和有关文件的保密要求。

4.3.2 实物保护系统的管理部门应限定，仅因履行职责而需要了解情况的人才能够接触敏感资料。应该大力保护可能涉及实物保护系统中薄弱环节的资料，因为这种资料能够暗示成功转移核材料或实行破坏的方法。

4.3.3 对违反保密的人进行制裁应是国家立法和条例系统的一个组成部分。

60 核安全法第三十八条规定“（一）建立专职机构或者指定专人保管核材料”，保管核材料的专职机构或者专人是否需要上报或备案？

为保障核材料安全与合法利用而建立专职机构或者专人保管核材料的具体要求是在《中华人民共和国核材料管制条例实施细则》中规定的。核材料许可证的申请所提交的材料中就包含核材料主要负责人和具体负责的部门信息。同时，在细则第二十六条中明确要求接触核材料的人员必须经过审查，不适宜的人员要及时调整。

在颁布核安全法之前，我国在核材料管制的安全监督方面尚未建立专门法律，现行有关核材料安全监管的行政法规是国务院1987年颁布的《中华人民共和国核材料管制条例》，该条例对核材料许可管理做出了详细的规定（第十一条），“核材料许可证持有单位必须建立专职机构或指定专人负责保管核材料，严格交接手续，建立账目与报告制度，保证账物相符”。

1990年出台的《中华人民共和国核材料管制条例实施细则》对核材料持有单位应当采取的措施进行了详细规定，第六条规定核材料许可证持有单位必须设立负责机构或指定专人负责贯彻执行《中华人民共和国核材料管制条例》和本实施细则。

61 核安全法第三十九条规定“产生、贮存、运输、后处理乏燃料的单位应当采取措施确保乏燃料的安全，并对持有的乏燃料承担核安全责任”，乏燃料的相关安全责任是否会随着乏燃料的转移而转移？

乏燃料是指在反应堆堆芯内受过辐照并从堆芯永久卸出的核燃料。乏燃料属于高放射性物品，具有辐射强、发热量大、毒性大、核素的半衰期长等特征，而且还存在核临界风险，因此其安全问题非常重要。

早在20世纪80年代，我国就确定了核燃料“闭合循环”和“核能发展必须相应发展后处理”的技术路线。近年来，随着我国核电快速发展，乏燃料量在不断增加，乏燃料的异地贮存、运输和后处理需求将会呈现逐步增长的态势。考虑到乏燃料具有高放射性，其安全问题不容忽视。

营运单位在乏燃料安全管理中负主体责任。核安全法第五条规定，核设施营运单位对核安全负全面责任。本条体现了这一原则。乏燃料的产生和贮存单位一般为核电营运单位，对其产生的乏燃料承担核安全责任；对于乏燃料运输，托运人承担核安全责任；对于乏燃料后处理，后处理设施营运单位承担核安全责任。用通俗的话讲，谁是核燃料的即时持有者，谁就应该承担核安全责任。例如，在核电厂乏池中放置的核燃料持有者为核电厂，则核电厂营运单位承担核安全责任，当核电厂委托乏燃料运输单位运输该乏燃料时，在运输过程中由托运人承担核安全责任，当托运人将核燃料运至乏燃料后处理设场所后，则该后处理设施的营运单位承担乏燃料的核安全责任。这样的责任转移，是在乏燃料的转移过程中，通过各参与方依法办理手续（包括签订合同）来实现的。

62 核安全法第四十条规定“高水平放射性废物实行集中深地质处置，由国务院指定的单位专营”，此处的专营单位指哪些单位？

高水平放射性（以下简称高放）废物包括乏燃料后处理产生的高放废液的固化体，以及需要直接处置的乏燃料，其所含放射性核素活度浓度极大，潜在危害长达万年以上，需要最高程度的隔离与包容。高放废物地质处置是一项以万年以上隔离为目标的多学科、复杂系统工程。国际上，高放废物处置相关工作通常由政府部门、国家公共机构、国家独资公司和核电企业组建的企业统一负责实施，并由国家专门设立基金支持。[①]

世界各有核国家都把安全处置高放废物提高到保证核能工业可持续发展、保障人民健康、保护环境的高度来认识，所以对高放废物处置的专营单位也有很高的要求。1985 年前核工业部科技核电局组织制定了“高放废物深地质处置研究发展计划”，并于1986 年开始实施，计划分为技术准备阶段、地质研究阶段、现场试验阶段和处置库建造阶段，目标是在 2040 年左右建成一座国家处置库。目前，我国正处于地质研究阶段，暂无专营公司介入。本条规定了高水平放射性废物深地质处置的单位由国务院指定，并专门负责研发、选址、建造、运行和关闭等各阶段相关工作的

① 许安标、刘华等:《中华人民共和国核安全法释义》，中国民主法制出版社，2017 年版。

开展。有关专营单位的要求将在后续制定的条例中规定。

63 核安全法第四十一条规定“核设施营运单位、放射性废物处理处置单位应当对放射性废物进行减量化、无害化处理、处置，确保永久安全”，请问什么是放射性废物进行减量化、无害化处理、处置？

减量化本质上是实现放射性废物的量由多变少、体积由大变小的过程。可通过在放射性废物的产生、处理环节，采用先进的生产工艺和设备，实施有效的管理与控制，实现废物的减量化。如在放射性废物的产生环节，可通过适当的设计措施，合理选择、利用和控制原材料以及材料的循环使用和复用，减少放射性废物的产生；在放射性废物的处理环节，可通过采用先进的固化工艺和减容技术，在保证安全的同时，有效地缩减废物体积。

放射性废物的无害化，是指将放射性危害降低到满足国家法规标准规定的人类和环境可接受程度，并保持在可合理达到的尽量低水平。对于放射性废物中除放射性之外的其他危害，如生物学、化学和其他危害，应满足《中华人民共和国固体废物污染环境防治法》及相关法规标准的要求。①

① 许安标、刘华等:《中华人民共和国核安全法释义》,中国民主法制出版社,2017年版。

64 核安全法第四十二条规定“国务院核工业主管部门会同国务院有关部门和省、自治区、直辖市人民政府编制低、中水平放射性废物处置场所的选址规划，报国务院批准后组织实施”，我国对于低、中水平放射性废物处置场所是如何规划的？

根据国务院 1992 年发布的《关于我国中低水平放射性废物处置的环境政策》（国务院 45 号令），我国分别建设了西北、广东北龙和四川飞凤山低、中放废物处置场。目前国防科工局正在编制新的低、中放固体废物处置场所规划。

65 核安全法第四十四条规定“核设施营运单位应当对其产生的放射性固体废物和不能经净化排放的放射性废液进行处理，使其转变为稳定的、标准化的固体废物后，及时送交放射性废物处置单位处置”，将放射性废物移送国务院指定的处置单位处置时，是否需要得到国家相关部门审批？

我国对付诸运输的放射性物品实施分类管理，根据其特性和危害，将运输中的放射性物品分为一类、二类、三类。一类放射性物品，是指Ⅰ类放射源、高水平放射性废物、乏燃料等释放到环境后对人体健康和环境产生重大辐射影响的放射性物品。二类放射性物品，是指Ⅱ类和Ⅲ类放射源、中等水平放射性废物等释放到环境后对人体健康和环境产生一般辐射影响的放射性物品。三类放射性物品，是指Ⅳ类和Ⅴ类放射源、低水平放射性废物、放射性药品等释放到环境后对人体健康和环境产生较小辐射影响的放射性物品。

对于一类放射性物品，《放射性物品运输安全管理条例》第三十七条规定：一类放射性物品启运前，托运人应当将放射性物品运输的核与辐射安全分析报告批准书、辐射监测报告，报启运地的省、自治区、直辖市人民政府环境保护主管部门备案。

收到备案材料的环境保护主管部门应当及时将有关情况通报放射性物品运输的途经地和抵达地的省、自治区、直辖市人民政府环境保护主管部门。

对于二类、三类放射性物品，其运输活动的管理要求相对宽松一些。

对于放射性废物的接收，应满足《放射性废物安全管理条例》第三十二条规定：核设施营运单位、核技术利用单位和放射性固体废物贮存单位应当按照国务院环境保护主管部门的规定定期如实报告放射性废物产生、排放、处理、贮存、清洁解控和送交处置等情况。放射性固体废物处置单位应当于每年 3 月 31 日前，向国务院环境保护主管部门和核工业行业主管部门如实报告上一年度放射性固体废物接收、处置和设施运行等情况。

66 核安全法第四十四条规定“核设施营运单位应当对其产生的放射性固体废物和不能经净化排放的放射性废液进行处理，使其转变为稳定的、标准化的固体废物后，及时送交放射性废物处置单位处置”，什么是稳定的、标准化的固体废物？

稳定的、标准化的固体废物是指经处理后的固体废物的物理和化学形态是稳定的，并且在一定条件下固体废物的体积不再发生变化，可以装入标准的存放固体废物容器中或废物箱中进行处置。

67 核安全法第四十五条规定“放射性废物处置单位应当建立放射性废物处置情况记录档案，如实记录处置的放射性废物的来源、数量、特征、存放位置等与处置活动有关的事项。记录档案应当永久保存”，此处的记录档案是指纸质文件还是电子版文件？

放射性废物处置情况记录档案是放射性废物处置单位如实记录放射性废物的来源、数量、特征、存放位置等与处置活动有关的事项中形成的原始记录，可采用文字、图纸、照片、光盘、录音录像带等多种载体形式。对于记录档案的具体载体或形式并不做硬性要求，随着信息技术的发展，放射性废物处置单位档案管理工作也朝着现代化、网络化、信息化管理方向转变。

传统的记录档案是以纸张作为载体的，这些档案容易受环境的影响和腐蚀，需要采取有效的措施进行保存。新型载体档案是随着技术进步产生的，泛指除传统纸质材质以外的，有保存价值的以感光材料（光盘等）、磁性材料（磁盘等）为信息载体的原始文件材料，也是当今档案信息体系中的重要组成部分。放射性废物的处置记录档案的保存关系到放射性废物的安全管理，有非常重要的作用，结合目前信息技术的发展，相关放射性废物处置单位采取了传统纸质文件存档结合电子文件存档的方式来管理记录存档。相较于传统方式，电子件具有可复制性、不易被环境影响的特性，使得对数字档案备份成为可能。

68 核安全法第四十六条规定“国家建立放射性废物处置设施关闭制度”，放射性废物处置设施关闭后有何管理措施？存放在内的放射性废物是怎么安置的？

核安全法第四十六条明确了放射性固体废物处置设施出现以下情况，放射性固体废物处置单位应当依法办理关闭手续，并在划定的区域设置永久性标记：①放射性废物处置设施设计服役期届满；②处置的放射性废物已达到该设施的设计容量；③放射性废物处置设施所在地区的地质构造或者水文地质等条件发生重大变化，不适宜继续处置放射性固体废物；④法律、行政法规规定的其他需要关闭的情形。

放射性废物处置设施设计是根据放射性废物特性、场址特性、单个废物货包和放射性核素总量与总活度的限制，保证放射性废物处置设施运行期间和关闭之后对人类的健康和环境没有危害，对工作人员和公众剂量保持在规定限制之内，并达到尽可能的低。在设计阶段，根据放射性废物处置设施的运行目标、设施设备及各类辅助设施的情况，确定放射性废物处置设施的服役期；根据环境影响评价和安全评价的结果，确定放射性废物处置设施的容量、接收的单个废物货包和放射性核素总量与总活度的限值。

处置场所关闭后在规定场区控制期内仍应进行控制，以确保其符合辐射防护要求及对环境无不利影响，并保证在此期间不发生处置场的侵扰。处置场关闭后一般经历三个阶段：①封闭阶段。刚关闭的处置场应保持封闭状态，只有为了履行监督工作才能允许人员进入场内。②半封闭阶段。当证明废物的危害已经很小时，而且废物的覆盖层完好，可以允许人员进入场区，但不允许进行挖掘或钻探等作业。③开放阶段。在达到所规定的场区控制期后，废物的放射性已降到不需要辐射防护的水平，经验证，场区方可完全开放。[①]

69 核安全法第四十七条规定“放射性废物处置设施关闭后，放射性废物处置单位应当按照经批准的安全监护计划进行安全监护；经国务院核安全监督管理部门会同国务院有关部门批准后，将其交由省、自治区、直辖市人民政府进行监护管理”，安全监护期限后要如何处理？

放射性固体废物处置设施设计服役期届满，或者处置的放射性固体废物已达到该设施的设计容量，或者所在地区的地质构造或者水文地质等条件发生重大变化导致处置设施不适宜继续处置放射性固体废物的，应当依法办理关闭手续，并在划定的区域设置永久性标记。关闭放射性固体废物处置设施的，营运单位应当编制处置设施安全监护计划，报国务院核安全监督管理部门批准。放射性固体废物处置设施依法关闭后，营运单位应当按照经批准的安全监护计划，对关闭后的处置设施进行安全监护。经国务院核安全监督管理部门会同国务院有关部门批准后，放射性固体废物处置设施的监护将其交由省、自治区、直辖市人民政府负责。

按照国际原子能机构的建议[②]，放射性固体废物处置设施关闭后的有组织控制可分为主动监护和被动监护。核安全法中提起的放射性废物处置单位的监护和省、自治区、直辖市人民政府进行

① 许安标、刘华等:《中华人民共和国核安全法释义》，中国民主法制出版社，2017 年版。

② IAEA Disposal of Radioactive Waste SSR-5.

监护管理均为主动监护；被动监护通常采取的措施是设置隔离提醒等措施。在有组织控制期结束后，放射性固体废物处置设施内废物经衰变活度水平降低，但仍为低水平放射性废物，无法解控。

70 核安全法第四十七条规定“放射性废物处置设施关闭前，放射性废物处置单位应当编制放射性废物处置设施关闭安全监护计划，报国务院核安全监督管理部门批准”安全监护的目的是什么？关于放射性废物处置设施的安全监护费用有何相关政策？

安全监护是指政府部门或企事业单位按照国家法律法规要求，对放射性废物处置场所进行的安全管控的行为[①]。安全监护可以是主动监护（如检测、监视或整治），也可以是被动监护（如土地管控），还可以作为设施的设计考虑要求（针对近地表处置场）。安全监护是一个意义广泛的概念，首先，其含义包含了政府监管，让政府监管成为监护的一个具体的方式；其次，监护的目的不限于安全和保护，还包括为了达到安全和保护目的而衍生的其他行为；再次，监护的实施主体不限于监管部门，还包括其他组织；最后，监护的范围不限于核设施和核活动。

安全监护的目的在于在较长时期内，确保放射性废物处置设施中的放射性元素被隔离于生物圈之外。为此，一要对设施的多重屏障的功能进行一定期限的监测，确保没有功能的丧失或者降级，如监测过程中发现问题可以及时采取补救措施；二要对设施

① IAEA Safety Glossary，2016 Revision，June 2016.

周边的环境开展放射性监测；三要防止人畜的侵入，造成破坏或意外照射等。

放射性废物处置设施关闭后，其安全监护费用的筹措来源渠道不一，主要依据监护机构的性质而定，若由具有营利性质的企事业单位开展监护，则其费用主要来源于向废物产生方收取的放射性废物的处置费；若由地方政府部门开展监护，其费用则来源于国家或地方财政。无论何种方式，建立放射性废物处置基金制度无疑是必要的，也是可行的。

71 核安全法第五十条规定“国家保障核材料、放射性废物的公路、铁路、水路等运输，国务院有关部门应当加强对公路、铁路、水路等运输的管理，制定具体的保障措施”，放射性物品运输是否包含航空运输？

放射性物品的运输形式多种多样，公路、铁路、水路、航空等运输形式都是可以采用的。核安全法中强调国家保障公路、铁路、水路等运输形式，主要考虑的是突出这三种运输形式对放射性物品运输的重要意义，尤其是铁路运输，具有速度快、成本低、易于管控、安全性高等特点，特别适合于运送核材料和放射性废物。在核安全法中强调铁路运输的采用，表明了立法者对放射性物品运输工具采用的倾向性立场。

至于航空运输，也是放射性物品运输的重要形式之一。《放射性物品运输安全管理条例》对放射性物品的运输和放射性物品运输容器的设计、制造等活动进行了规定：“通过水路运输放射性物品的，按照水路危险货物运输的法律、行政法规和规章的有关规定执行”，“通过铁路、航空运输放射性物品的，按照国务院铁路、民航主管部门的有关规定执行”。

可见，放射性物品可以采用航空的形式来运输。

72 核安全法第五十一条规定“公安机关对核材料、放射性废物道路运输的实物保护实施监督，依法处理可能危及核材料、放射性废物安全运输的事故。通过道路运输核材料、放射性废物的，应当报启运地县级以上人民政府公安机关按照规定权限批准；其中，运输乏燃料或者高水平放射性废物的，应当报国务院公安部门批准”，在所运输的放射性废物中，是否包含废液和废气？

核安全法第四十四条规定：“核设施营运单位应当对其产生的放射性固体废物和不能经净化排放的放射性废液进行处理，使其转变为稳定的、标准化的固体废物后，及时送交放射性废物处置单位处置。核设施营运单位应当对其产生的放射性废气进行处理，达到国家放射性污染防治标准后，方可排放。”

具体做法是：中高水平放射性废气通常通过过滤、吸附、洗涤、贮存衰变等净化方法处理；中高水平放射性废液通常通过过滤法、蒸发法和离子交换法、膜分离法、生物法等处理方法处理，处理后的废气和废液一般可直接向环境排放，或者返回工艺重新进行处理。被浓缩成小体积的二次废物，必须要把它们固化（或固定）起来，变成耐久、稳定的固化体。

根据《核动力厂环境辐射防护规定》（GB 6249—2011），中高水平放射性废气和废液禁止直接向环境排放，低水平放射性废气和废液按照流出物进行管理，满足流出物排放标准。核动力厂的流出物排放应满足标准所规定的限值要求。气态和液态废物排放的目标是将符合排放限值的流出物分别在规定的受控条件下排放到弥散条件良好的大气或水体中，使它们对人类环境的影响减小到可合理达到的尽量低水平。气态和液态废物的排放不应超过审管部门批准的排放限值，包括放射性总活度和活度浓度限值。排放前应对流出物进行监测和控制。

综上所述，放射性废气和废液通常不直接予以运输，而必须将其转化为固体废物后，方可运输。

73 核安全法第五十四条规定“国家设立核事故应急协调委员会，组织、协调全国的核事故应急管理工作”，核事故应急协调委员会的组成和工作职责是什么？

国家设立国家核事故应急协调委员会（部际协调机构，不属国务院常设机构），协调委员会由与核事故应急相关国家部委和机关部门组成，负责组织协调全国核事故应急准备和应急处置工作。国家核应急协调委主任由工业和信息化部部长担任。日常工作由国家核事故应急办公室承担。必要时，成立国家核事故应急指挥部，统一领导、组织、协调全国的核事故应对工作。指挥部总指挥由国务院领导同志担任。视情成立前方工作组，在国家核事故应急指挥部的领导下开展工作。

国家核事故应急协调委设立专家委员会，由核工程与核技术、核安全、辐射监测、环境保护、交通运输、医学、气象学、海洋学、应急管理、公共宣传等方面专家组成，为国家核应急工作重大决策和重要规划以及核事故应对工作提供咨询和建议。

国家核应急协调委设立联络员组，由成员单位所属司局和核设施营运单位所属集团公司（院）负责同志组成，承担国家核应急协调委交办的事项。

74 核安全法第五十五条规定“核设施营运单位负责制定本单位场内核事故应急预案，报国务院核工业主管部门、能源主管部门和省、自治区、直辖市人民政府指定的部门备案”，场内核事故应急预案是否仍需要核安全监管部门审评？

核安全法第二十七条规定核设施首次装投料前，核设施营运单位应当向国务院核安全监督管理部门提出运行申请，并提交下列材料：①核设施运行申请书；②最终安全分析报告；③质量保证文件；④应急预案；⑤法律、行政法规规定的其他材料。

应急预案作为申请运行许可证的材料之一，在装料前要得到国务院核安全监管部门的审查。

75 核安全法第五十五条规定“核设施营运单位负责制定本单位场内核事故应急预案”，请问核设施营运单位应当如何协调场内核事故应急预案和其他预案的关系？

国家突发公共事件预案体系包括《国家总体应急预案》和国家各专项应急预案。《国家总体应急预案》用以指导全国的突发公共事件应对工作；国家各专项应急预案是国务院及其有关部门为应对某一类型或某几种类型突发公共事件而制定的应急预案。

目前已发布的国家专项应急预案包括《国家地震应急预案》《国家安全生产事故灾难应急预案》《国家突发公共卫生事件应急预案》《国家核应急预案》等。国家核应急预案是属于国家各专项应急预案中的一种。

目前核设施营运单位根据《中华人民共和国突发事件应对法》《中华人民共和国核安全法》《核电厂核事故应急管理条例》《国家核应急预案》等相关法规及文件要求，均制定了场内核事故应急预案和其他突发事件专项应急预案。

例如，辽宁红沿河核电厂除了制定有《辽宁红沿河核电厂一期工程场内核事故应急预案》外，还制定了包括《辽宁红沿河核电基地综合应急预案》《气象灾害专项应急预案》《火灾爆炸事故专项应急预案》《地震灾害专项应急预案》等 19 个突发事件专项应急预案，归属于自然灾害类、事故灾难类、公共卫生类、社会安全事件类四类。

核设施营运单位协调、处理场内核事故应急预案和其他预案之间的关系是：其他突发事件专项应急预案适用于核电基地内核事故以外的突发事件的应急准备、应急响应与应急处置工作。当突发事件发生但没有导致核电厂进入核事故应急状态（应急待命、厂房应急、场区应急、场外应急）时，按照各类突发事件专项应急预案进行应急处置。

各类突发事件，尤其是极端自然灾害的发生可能造成核安全功能下降，当达到进入核事故应急状态应急行动水平时，应宣布进入核事故应急状态（应急待命、厂房应急、场区应急、场外应急），应急响应与处置工作按照场内核事故应急预案执行，在核事故应急统一指挥下开展。例如，现场地震监测系统记录的加速度大于 0.02 g、0.10 g、0.20 g 时，则应进入应急待命、厂房应急和场区应急状态，按照核事故应急体系进行响应，执行场内核事故应急预案和地震灾害专项应急预案。

核设施营运单位的应急组织统一负责场内发生的各种突发事件和核事故的应急处置。

76 核安全法第五十五条规定“核设施营运单位负责制定本单位场内核事故应急预案，报国务院核工业主管部门、能源主管部门和省、自治区、直辖市人民政府指定的部门备案”，目前，各省、自治区、直辖市人民政府指定的部门都有哪些？

省、自治区、直辖市人民政府的核事故应急协调委员会的主要职责包括：负责制定本行政区域内场外核事故应急预案，报国家核事故应急协调委员会审批后组织实施。各省、自治区、直辖市人民政府中均设置了承担核事故应急协调委员会的日常工作的职能部门，这些部门接受核设施营运单位所提交的场内核事故应急预案，并予以备案。

目前，我国有 19 个省（区、市）成立了省级核应急委员会及办公室，大体上可以分为三类。第一类为由省级生态环境部门承担核事故应急协调委员会日常工作，包括浙江、广东、福建、广西、海南等 5 个省（区）；第二类为由省级国防科技工业主管部门承担核事故应急协调委员会日常工作，包括辽宁、北京、河北、吉林、安徽、江西、河南、湖北、湖南、四川、陕西、甘肃和山东 13 个省（市）；第三类为由省级民防主管部门承担核事故应急协调委员会日常工作（江苏省）。

77 核安全法第五十七条规定“国家建立核事故应急准备金制度，保障核事故应急准备与响应工作所需经费。核事故应急准备金管理办法，由国务院制定”，保障核事故应急准备与响应工作所需经费，应急准备金管理如何规定？

核事故应急准备金是保障核事故应急准备与响应活动必备经费所设立的基金。核事故应急准备与响应需要的经费包括：核电企业开展场内核事故应急准备工作所需资金；国家和地方核应急管理机构开展场外核事故应急准备工作所需资金；国务院有关部门和军队在核事故应急准备工作中所需的资金。

目前，我国核事故应急准备金的管理和使用主要遵循《核电厂核事故应急管理条例》（1993 年 8 月 4 日国务院第 124 号令发布，2011 年 1 月 8 日修订）和 2007 年 9 月财政部、原国防科工委联合发布的《核电厂核事故应急准备专项收入管理规定》（财防〔2007〕181 号）。

《核电厂核事故应急管理条例》规定：

场内核事故应急准备资金由核电厂承担，列入核电厂工程项目投资概算和运行成本。

场外核事故应急准备资金由核电厂和地方人民政府共同承担，资金数额由国务院指定的部门会同有关部门审定。核电厂承担的资金，在投产前根据核电厂容量、在投产后根据实际发电量确定一定的比例交纳，由国务院计划部门综合平衡后用于地方场外核事故应急准备工作；其余部分由地方人民政府解决。具体办法由国务院指定的部门会同国务院计划部门和国务院财政部门规定。

国务院有关部门和军队所需的核事故应急准备资金，根据各自在核事故应急工作中的职责和任务，充分利用现有条件进行安排，不足部分按照各自的计划和资金渠道上报。

《核电厂核事故应急准备专项收入管理规定》对核应急准备专项收入的来源、上缴标准和比例、收缴时间和方式、应用范围、预算和决算机制、监管机制等做了明确规定。

目前，财政部和国防科工局正在研究制定核事故应急准备金管理办法。

78 核安全法第五十九条规定“中国人民解放军和中国人民武装警察部队按照国务院、中央军事委员会的规定，实施核事故应急救援工作”，那么在核事故救援中，中国人民解放军和中国人民武装警察部队的职责是什么？

《国家核应急预案》规定国家核应急协调委负责组织协调全国核事故应急准备和应急处置工作。当核事故发生时，核设施营运单位第一时间要依靠自身力量开展相关行动，控制和缓解事故。核事故救援行动涉及工程抢险、辐射监测、辐射防护、去污洗消、舆情引导、撤离安置、交通管制等方方面面，当事态进一步发展，单纯依靠核设施营运单位不可能完成救援任务时，必须依靠外部力量支援。本条规定了国家、地方、军队和其他核设施单位应该履行的救援义务。目前，国家核应急协调委已组织建立由 320 人组成的中国核应急救援队，设立了 8 个国家级核应急专业技术支持中心、25 支救援分队和 3 个培训基地，启动了 3 个核电集团核应急救援基地和场内快速支援队建设。

中国武装力量是抢险救灾的突击力量。2009 年 1 月，中国组建了以军队力量为主体的抗洪抢险应急部队、地震灾害紧急救援队、核生化应急救援队、空中紧急运输服务队、交通应急抢险队、海上应急搜救队、应急机动通信保障队、医疗防疫救援队8支国家级应急专业力量，兵力规模5万人。2009年7月，武警水电、交通部队3.1万人被纳入国家应急救援力量体系。各军区会同有关省（自治区、直辖市）组建省级应急专业力量[①]。

当核事故发生时，这些专业救援力量均可以为现场的救援和抢险、疏散等活动提供专业化的救援支持。

79 核安全法第五十九条规定“核设施营运单位应当按照核事故应急救援工作的要求，实施应急响应支援”，核事故应急响应支援如何实施？

应急救援队建设作为我国核应急体系和能力现代化建设的最新实践，也是全面贯彻习近平总书记国家总体安全战略和中国核安全观的最新举措。

为保障我国核电厂安全，加强核事故应急救援能力，提升应对严重事故的水平，国家核安全局先后发布《核电集团公司核电厂核事故应急场内快速队伍建设总体要求》和《核电集团公司核电厂核事故场内应急快速队伍建设技术要求（试行）》，指导各核电集团建设核事故应急场内快速救援队。2015年，按照国家核安全局要求，中广核集团、中国核电集团和中国电力集团先后成立了核事故场内快速救援队。

① 国务院新闻办公室：《2010年的中国国防》，2011年3月。

在国家核安全局的大力推动下，中核集团、中广核集团、国家电投集团和华能集团等分别组建了核电厂核事故应急支援队伍，共同签署了《核电集团间核电厂核事故应急相互救援框架合作协议》和《核电集团公司核电厂核事故应急场内支援合作协议》，建立了集团间相互支援协作机制；各邻近核电厂陆续签订了相互支援协议，编制了相互支援行动方案，建立就近快速相互支援机制，落实了核事故应急相互支援要求和机制。

80 核安全法第六十一条规定“核事故的调查处理，由国务院或者其授权的部门负责实施；核事故场外应急行动的调查处理，由国务院或者其指定的机构负责实施”，请问核事故场外应急行动的调查处理如何进行？

事故的调查处理应按照实事求是、尊重科学的原则，及时准确地查清事故原因，查明事故性质和责任，总结事故教训，提出整改措施，并对事故责任者提出处理意见[①]。

由于我国的核安全监管部门并不负责核事故应急管理工作，因此核事故应急的调查处理根据部门职责被划分为两个部分，一是核事故的调查处理，二是核事故场外应急行动的调查处理。核安全法规定，核事故的调查处理，由国务院或者其授权的部门负责实施。核事故场外应急行动的调查处理，由国务院或者其指定的机构负责实施。

核事故的调查处理，主要是指对核事故发生的原因（包括根

①《全国人民代表大会常务委员会关于修改〈中华人民共和国安全生产法〉的决定》（2014年8月31日发布，2014年12月1日实施）。

本原因）、安全系统的可用性和可靠性、场内应急响应行动的有效性、公众及工作人员辐照剂量管理等方面开展调查。核事故的调查从核电厂进入到应急状态开始，再到应急状态结束，重点关注应急行动的启动、报告制度的执行、应急措施的合理性、应急辐射环境监测、人员撤离等。

核事故应急进入场外应急状态后，指定的部门应按照国家核事故应急协调委员会审批后的场外核事故应急预案组织实施救援。核事故场外应急行动的调查处理是核事故应急进入场外应急状态后，对省、自治区、直辖市人民政府采取核事故场外应急行动的调查。内容包括发生核事故场外应急的情况下，相关的救援行动是否合适、是否符合核事故场外应急预案的规定等。

81 核安全法第六十二条规定“核材料、放射性废物运输的应急应当纳入所经省、自治区、直辖市场外核事故应急预案或者辐射应急预案。发生核事故时，由事故发生地省、自治区、直辖市人民政府负责应急响应”，放射性物品运输事故的应急工作如何开展？

《放射性物品运输安全管理条例》规定：放射性物品运输中发生核与辐射事故的，承运人、托运人应当按照核与辐射事故应急响应指南的要求，做好事故应急工作，并立即报告事故发生地的县级以上人民政府生态环境主管部门。接到报告的生态环境主管部门应当立即派人赶赴现场，进行现场调查，采取有效措施控制事故影响，并及时向本级人民政府报告，通报同级公安、卫生、交通运输等有关主管部门。接到报告的县级以上人民政府及其有关主管部门应当按照应急预案做好应急工作，并按照国家突发事件分级报告的规定及时上报核与辐射事故信息。核反应堆乏燃料运输的核事故应急准备与响应，还应当遵守国家核应急的有关规定。

典型的放射性物品运输事故的应急响应活动可以分为三个阶段[①]：

（1）起始阶段。放射性事故的发生往往始于交通事故。交通事故发生后，负责道路交通的公安、消防人员会在第一时间赶到，开展相应的现场管控和人员救助措施。在此阶段，现场不一定具有放射学专业人员指导，当务之急是要让救援人员了解运输工具中所装载的放射性物品的具体信息，以有利于其在第一时间实施管控，尽可能控制交通工具所装载的放射性物质，同时注意保护伤员和参与救援的人员免受不当辐射危害。

（2）事故控制阶段。在此阶段，专业的放射性救援队伍携带仪器和装备抵达现场，开展监测和取样工作。通过对事故现场的监测，划定已污染的区域和可能继续受污染区域，设定隔离区，并开展必要的人员疏散。同时，对现场所有参加救援人员和事故当事人开展辐射剂量监测。在专业放射人员的指导下，托运人、承运人和公安、消防、军队等抢险人员开展必要的行动（如灭火、搭建围堰或坝体、构筑防风墙等）对事故的进程加以控制。

（3）事故后阶段。此阶段的主要任务是清理和洗消。主要包括对遗撒、扩散的放射性物质开展收集，并根据环境的污染情

① IAEA Planning and Preparing for Emergency Response to Transport Accidents Involving Radioactive Material No. TS-G-1.2.

况，对土壤和水体进行收集。抢险设备、工具的清洗工作也是本阶段的重要内容。

82 核安全法第六十三条规定“国务院有关部门及核设施所在地省、自治区、直辖市人民政府指定的部门应当在各自职责范围内依法公开核安全相关信息。国务院核安全监督管理部门应当依法公开与核安全有关的行政许可，以及核安全有关活动的安全监督检查报告、总体安全状况、辐射环境质量和核事故等信息”，请问这些信息如何公开？

核安全信息公开的义务主体，既包括负有核安全政府信息公开义务的机关，如“国务院有关部门及核设施所在地省、自治区、直辖市人民政府指定的部门”“国务院核安全监督管理部门”，也包括核设施营运单位和开展运输活动的托运人。本条主要规定了政府信息公开的内容。

《中华人民共和国政府信息公开条例》规定了政府信息公开的主体、范围、主动公开的内容和方式。行政机关应当建立健全政府信息发布机制，将主动公开的政府信息通过政府公报、政府网站或者其他互联网政务媒体、新闻发布会以及报刊、广播、电视等途径予以公开。各级人民政府应当加强依托政府门户网站公开政府信息的工作，利用统一的政府信息公开平台集中发布主动公开的政府信息。政府信息公开平台应当具备信息检索、查阅、下载等功能。各级人民政府应当在国家档案馆、公共图书馆、政务服务场所设置政府信息查阅场所，并配备相应的设施、设备，为公民、法人和其他组织获取政府信息提供便利。属于主动公开范围的政府信息，应当自该政府信息形成或者变更之日起20个工作日内及时公开。法律、法规对政府信息公开的期限另有规定的，从其规定。

“国务院核安全监督管理部门”是负责核安全信息公开的最主要的主体。

2007年《环境信息公开办法（试行）》（国家环境保护总局令 第35号）规定，环境信息分政府环境信息和企业环境信息两类。国务院安全监督管理部门应予公开的核安全相关的政府环境信息包括了“与核安全有关的行政许可，以及核安全有关活动的安全监督检查报告、总体安全状况、辐射环境质量和核事故等信息”。《环境信息公开办法（试行）》修订工作正在进行中。

2019年3月生态环境部公布了《生态环境部政府信息主动公开基本目录》，原《环境保护部政府信息主动公开基本目录》同时废止。《生态环境部政府信息主动公开基本目录》规定生态环境部政府信息形成或者变更之日起20个工作日内及时公开。法律、法规对政府信息公开的期限另有规定的，从其规定。公开方式为生态环境部政府网站（www.mee.gov.cn）、国家核安全局网站（nnsa.mee.gov.cn）、微信、微博、生态环境部政府网站移动客户端、中国环境报、生态环境部公报等媒体公开。其中与核与辐射安全相关的共17项，包括民用核设施操纵员执照核发，从事放射性污染防治的专业人员资格认定，民用核安全设备焊工、焊接操作工资格证书核发，民用核安全设备无损检验人员资格许可，民用核安全设备设计、制造、安装和无损检验活动单位许可证核发，民用核设施选址、建造、运行、退役等活动审批，生产放射性同位素（除生产医疗自用的短半衰期放射性药物）、销售和使用Ⅰ类放射源（除医疗使用的Ⅰ类放射源）、销售和使用Ⅰ类射线装置单位许可证核发，列入限制进出口目录的放射性同位素进出口审批，设立专门从事放射性固体废物贮存、处置单位许可，核与辐射类建设项目环境影响评价审批，可能造成跨省界环境影响的放射性同位素野外示踪试验审批，为境内民用核设施进行核安全设备设计、制造、安装和无损检验活动的境外单位注册登记审批，Ⅰ类放射性物品运输容器设计审查批准，Ⅰ类放射性物品运输容器制造许可证核发，使用境外单位制造的Ⅰ类放射性物品运输容器审批，Ⅰ类放射性物品运输的核与辐射安全分析报告书，进口民用核安全设备安全检验合格审批。

生态环境部（国家核安全局）核与辐射安全监管信息公开分为主动公开和依申请公开。属于主动公开范围的核与辐射安全监管信息，核与辐射安全监管业务司应当自信息形成或者变更之日起10个工作日内予以公开。法律、法规对核与辐射安全监管信息、环境信息公开的期限另有规定的，从其规定。核与辐射安全监管信息依申请公开，应按照生态环境部（国家核安全局）政府信息依申请公开工作规程等相关规定办理。

83 核安全法第六十三条规定“国务院应当定期向全国人民代表大会常务委员会报告核安全情况”，请问具体如何实施？

《中华人民共和国各级人民代表大会常务委员会监督法》规定，各级人民代表大会常务委员会每年选择若干关系改革发展稳定大局和群众切身利益、社会普遍关注的重大问题，有计划地安排听取和审议本级人民政府、人民法院和人民检察院的专项工作报告。核安全法规定，国务院应当定期向全国人民代表大会常务委员会报告核安全情况，既是对上述法律要求的落实，体现了国家对核安全的高度重视，体现了全国人大常委会对国务院核安全工作的监督，也有利于国务院不断改进和提升核安全工作。

生态环境部将按照国务院的工作安排向全国人民代表大会常务委员会汇报工作，可以根据工作要求考虑两种方式选择，一种是将核与辐射安全工作与生态环境的工作一并汇报，另一种是单独就核与辐射安全工作开展汇报。

84 核安全法第六十四条规定“核设施营运单位应当公开本单位核安全管理制度和相关文件、核设施安全状况、流出物和周围环境辐射监测数据、年度核安全报告等信息。具体办法由国务院核安全监督管理部门制定”，核设施营运单位应具体公开哪些核安全信息？

根据国家核安全局2011年印发的《关于加强核电厂核与辐射安全信息公开的通知》，各核电集团公司和营运单位应制定核电厂核与辐射安全信息公开方案，明确信息公开的组织体系及其职责分工，公布信息公开方式及索取方式，建立交流沟通机制，每年应举办核与辐射安全信息公开新闻发布会，并应制定信息公开方案报国家核安全局备案，且每两年修订一次。

一般来说，核设施营运单位应当公开的核安全信息包括：

（一）单位基本信息，包括单位名称、注册地址、核安全管理机构设置、在建以及运行和退役核设施基本情况等。

（二）核安全管理制度和文件，包括核设施质量保证文件、辐射防护大纲、辐射监测大纲，取得的厂址选择、建造、运行和退役等相关的核安全许可证件，以及环境影响评价报告书等。

（三）核设施安全状况，包括安全屏障或安全重要构筑物的完整性、重要安全相关设备状况以及辐射防护情况。

（四）环境保护部（国家核安全局）批复的核设施流出物排放限值及实际排放量，包括放射性气态和液态流出物年排放总量、放射性固体废物年产生量。

（五）核设施周围环境本底放射性水平及与核设施运行有关的主要放射性核素的种类、浓度等辐射环境监测数据。

（六）国际核事件分级表（INES）规定的 1 级及以上运行事件信息。

（七）年度核安全报告，内容包括：核设施营运单位及核设施基本情况，核安全管理组织体系和制度建设，核设施安全状况以及安全改进情况，1 级及以上运行事件或事故信息，应急演习或演练情况，辐射防护情况，厂址周围辐射环境监测情况，放射性气态和液态流出物排放情况，放射性固体废物产生情况，核安全信息公开情况等。

核设施营运单位进行信息公开的途径很多，包括：①召开新闻发布会，向媒体发布新闻通稿，通过营运单位外部网站、微博、微信等方式向媒体或社会公众公布核电站核与辐射安全信息；②通过公开发行的刊物或可免费提供的公开资料公开核电站核与辐射安全信息；③以解答媒体或社会公众的提问（包括电话、传真、邮件）等形式公开核电站核与辐射安全信息；④利用展览中心、展台等进行展示公开等。

85 核安全法第六十六条规定“核设施营运单位应当就涉及公众利益的重大核安全事项通过问卷调查、听证会、论证会、座谈会，或者采取其他形式征求利益相关方的意见，并以适当形式反馈”，请问哪些事项属于重大核安全事项?

“重大核安全事项”主要是指核设施选址、建造、运行以及放射性废物的处理、处置等可能对环境安全和公众身体健康等造成影响的事项，具体内容仍需要相关规定予以进一步明确。

以核设施为例，其选址、建造、运行阶段的环境影响评价报告均需要进行公示。一般来说，在建造活动开始前，营运单位除了将环境评价影响报告在网上公示外，还可以通过举行听证会、座谈会、在报纸上刊登公告、在人员集中的地方张贴告示等方式进行征求意见，并将意见以适当形式反馈。

86 核安全法第六十七条规定“核设施营运单位应当采取下列措施，开展核安全宣传活动。（一）在保证核设施安全的前提下，对公众有序开放核设施；（二）与学校合作，开展对学生的核安全知识教育活动；（三）建设核安全宣传场所，印制和发放核安全宣传材料；（四）法律、行政法规规定的其他措施”，请问核设施营运单位开展核安全宣传活动的具体做法有哪些? 核岛是否可以对公众开放?

核安全法要求营运单位采取一定的措施开展核安全宣传活动，旨在加强核设施营运单位公众宣传工作，增强公众对核与辐射安全的了解，增强对核安全的信心。做好核安全宣传工作，对于推动我国核安全事业不断进步、保障核事业健康安全发展、建设生态文明具有重要意义。具体做法包括：

（1）开展核安全知识的科学普及。核设施营运单位发挥自身优势，收集整理了大量现有资料，制成科普文章、影片和书籍，让在校学生和感兴趣的公众了解核安全基本知识。

（2）针对不同人群开发宣传产品。核设施营运单位结合舆论热点，根据公众需求，开发了包括刊物、宣传册、海报、漫画、动画、访谈、纪录片等一批宣传产品。

（3）充分利用传统媒体和新媒体的传播优势，利用报纸、电视、杂志等渠道向中老年群体开展宣传，利用微博、微信、网站等渠道向青少年群体开展宣传。

（4）利用现有的宣传设施，建设科普宣传展览馆、体验馆，并将其打造成核与辐射安全科普宣传基地。如中国广核集团就利用自己的核电基地，建设了 17 座能源科普教育示范基地。

（5）大力开展运行核电项目周边公众宣传活动，并加强建设项目前期宣传。宣传队伍“走出去”，进社区、进学校、进机关开展活动，并走进福利院等开展公益宣传活动，组织公众“走进来”，邀请网络意见领袖、学生、周边公众、社会团体等进入核电站，全方位、多形式开展科普宣传工作。

核设施场所能否直接向公众开放要考虑的因素较多，一是要考虑核设施的安保要求，确保核设施和核材料不受隐藏在公众中的不法分子的恶意威胁；二是要考虑公众的安全和健康，既要防止公众受到高温、高压、电流、坠物、坠落等工业风险源的伤害，也要防止公众受到不当的辐射危害；三是要考虑公众到现场参观的社会效益，核设施现场遍布设备、管道和电缆，并非理想的公众教育场所，一般公众也难以在那里获取有价值的信息。总体来说，将核岛向公众开放存在一定的技术管理困难，其必要性也值得商榷。

87 核安全法第六十八条规定“公民、法人和其他组织有权对存在核安全隐患或者违反核安全法律、行政法规的行为，向国务院核安全监督管理部门或者其他有关部门举报”，具体哪些部门接受举报?

《中华人民共和国宪法》第四十一条规定，中华人民共和国公民对于任何国家机关和国家工作人员，有提出批评和建议的权利；对于任何国家机关和国家工作人员的违法失职行为，有向有关国家机关提出申诉、控告或者检举的权利，但是不得捏造或者歪曲事实进行诬告陷害。

核安全法第六十八条规定，公民、法人和其他组织有权对存在核安全隐患或者违反核安全法律、行政法规的行为，向国务院核安全监督管理部门或者其他有关部门举报。

公民、法人和其他组织对存在核安全隐患或者违反核安全法律、行政法规的行为，可以主要向生态环境部（国家核安全局）举报；如果举报的问题属于核工业主管部门或能源主管部门，或者省、自治区、直辖市人民政府的职责所管辖范围时，也可以向这些部门举报。

88 核安全法第六十八条规定“公民、法人和其他组织不得编造、散布核安全虚假信息”，请问“核安全虚假信息”如何界定？散布“核安全虚假信息”需承担什么样的法律责任？

核安全虚假信息一般指与核安全相关的，不真实的、有着负面影响的信息。

《中华人民共和国刑法》第二百九十一条规定，编造虚假的险情、疫情、灾情、警情，在信息网络或者其他媒体上传播，或者明知是上述虚假信息，故意在信息网络或者其他媒体上传播，严重扰乱社会秩序的，处三年以下有期徒刑、拘役或者管制；造成严重后果的，处三年以上七年以下有期徒刑。

核安全法第六十八条规定，公民、法人和其他组织不得编造、散布核安全虚假信息。同时，核安全法第七十六条规定，编造、散布核安全虚假信息，构成违反治安管理行为的，由公安机关依法给予治安管理处罚。

89 核安全法第六十九条提到“涉及国家秘密、商业秘密和个人信息的政府信息公开，按照国家有关规定执行”，核安全监督检查人员在进行监督检查时，如果检查内容涉及国家秘密、商业秘密和个人信息时，该如何处理？

核安全法第七十三条规定，国务院核安全监督管理部门和其他有关部门依法进行的监督检查，从事核安全活动的单位应当予以配合，如实说明情况，提供必要的资料，不得拒绝、阻挠。

监督检查职责是法律赋予核安全监督管理部门及其他有关部

门为保证核安全而履行的职责，配合核安全监督检查是被检查单位即从事核活动的单位的一项重要义务，被检查单位必须予以配合。第七十四条和第七十五条规定了核安全监督检查人员需依法对执行监督检查任务时获知的国家秘密、商业秘密和个人信息依法予以保密。

90 核安全法第七十条规定“国务院核安全监督管理部门或者其派出机构应当向核设施建造、运行、退役等现场派遣监督检查人员，进行核安全监督检查”，请问核安全监督管理部门如何实施核安全监督检查？

根据《核设施的安全监督》（HAF 001/02—1995）的规定，核安全检查连续贯彻于核设施选址、设计、建造、调试、运行和退役的全过程和所有重要活动。核安全监督检查的目的是核实和监视营运单位及有关单位的核设施物项和活动是否满足核安全管理要求和许可证件规定的条件，督促营运单位及有关单位及时纠正缺陷和异常状态，以确保核设施选址、设计、建造、调试、运行和退役符合批准的文件和有关要求。核安全检查的范围主要是许可证件规定条件中所限定的范围，以及在审批许可证过程中确定需要检查的范围。

核安全检查可以分为日常的、例行的和非例行（特殊）的检查。根据生态环境部（国家核安全局）的《核与辐射安全监督检查指南》，例行检查分为检查前准备、检查前会议、检查的现场实施、检查后会议、编制印发检查报告和后续管理要求跟踪落实几个环节。

营运单位及有关单位应当积极主动接受和配合核安全监督检查，包括如实报告、反映情况，提供有关文件资料，在必要时对调试和运行的试验项目予以演示，确保监督检查人员自由、及时接触有关人员等。

为了保证现场工作人员、公众和环境辐射防护的需要，国家核安全局有权依法要求营运单位消除核设施物项和活动中的不安全因素，并开展执法活动。

91 核安全法第七十条规定“国务院核安全监督管理部门或者其派出机构应当向核设施建造、运行、退役等现场派遣监督检查人员，进行核安全监督检查”，核安全监督员的职责是什么？应具备哪些条件？

核安全法第七十四条规定，核安全监督检查人员应当忠于职守，勤勉尽责，秉公执法；应当具备与监督检查活动相应的专业知识和业务能力，并定期接受培训。《核设施的安全监督》（HAF 001/02—1995）的附录 A 中也对核安全监督员应具备的条件做出了规定：

（1）具有大学以上文化水平或同等学力；

（2）具有五年以上工程实践或三年以上核安全管理经验，并能依法履行核安全监督工作及独立作出正确的判断和写出合格的报告；

（3）熟知国家核安全法规，模范地遵守国家的法律和规定；

（4）作风正派，办事公正，工作认真，态度谦虚。

根据《核设施的安全监督》（HAF 001/02—1995）的规定，

现场核安全监督员是核安全监督的执行人员，其具体职责为：

（1）向核设施营运单位及有关单位和人员宣传国家核安全局政策和法规，并监督其执行法规和贯彻核安全文化的情况；

（2）参加日常、例行和非例行核安全检查工作；

（3）监督已批准的不符合项处理程序的实施，并向地区监督站提出评价意见的建议；

（4）检查与核实核设施营运单位及有关单位遵守核安全管理要求和许可证件规定条件的情况，及时报地区监督站；

（5）有权要求营运单位停止明显违反核安全管理要求和许可证件规定条件的行为以及紧急危及核安全的活动，并必须立即报地区监督站和国家核安全局追认核准。

92 核安全法第七十条规定“国务院核安全监督管理部门和其他有关部门应当对从事核安全活动的单位遵守核安全法律、行政法规、规章和标准的情况进行监督检查”，在我国，除了核安全监督管理部门外，还有哪些部门可以对从事核安全活动的单位遵守核安全法律、行政法规、规章和标准的情况进行监督检查？

在我国，国家核安全局对全国核设施安全实施统一监督，独立行使核安全监督权，其主要职责是：①组织起草、制定有关核设施安全的规章和审查有关核安全的技术标准；②组织审查、评定核设施的安全性能及核设施营运单位保障安全的能力，负责颁发或者吊销核设施安全许可证件；③负责实施核安全监督；④负责核安全事故的调查、处理；⑤协同有关部门指导和监督核设施应急计划的制订和实施；⑥组织有关部门开展对核设施的安全与管理的科学研究、宣传教育及国际业务联系；⑦会同有关部门调解和裁决核安全的纠纷。所以，对从事核安全活动的单位遵守核安全法律、行政法规、规章和标准的情况进行监督检查是国家核安全局的主要职责。

其他有关部门是指根据职责划分，除国务院核安全监督管理部门外的其他部门，包括但不限于国务院核工业主管部门、能源主管部门和省、自治区、直辖市人民政府等。

93 核安全法第七十条规定“国务院核安全监督管理部门或者其派出机构应当向核设施建造、运行、退役等现场派遣监督检查人员，进行核安全监督检查”，核安全监督管理部门进行核安全监督检查时可以采取哪些措施？监督检查时如果发现问题，如何处理？

核安全法第七十二条规定，国务院核安全监督管理部门和其他有关部门进行核安全监督检查时，有权采取下列措施：

（1）进入现场进行监测、检查或者核查，主要包括：在现场直接观察核设施物项或活动是否按有关规定和文件实施；必要时，可进行测量或试验，例如，尺寸测量、照相、录像及在营运单位协同下进行取样、放射性检测和无损探伤等。但这种测量、取样或试验并不代替营运单位或有关单位应做的测量和试验，也不减轻营运单位或有关单位的责任。

（2）调阅相关文件、资料和记录，主要包括对执行程序、试验程序、质量保证记录、试验结果和数据、运行维修记录以及缺陷和异常事件记录等进行检查；

（3）向有关人员调查、了解情况：召开营运单位及有关单位的领导、质保和质检人员以及有关人员参加的座谈会，或向他们专门采访，以了解情况；

（4）发现问题的，现场要求整改，主要包括：核安全检查组或核安全监督员在检查工作结束后以规定的格式写出检查报告，主要包括检查项目、经过、结果、评价以及对应采取的强制性措施或修改许可证件规定条件的建议等内容。检查报告经国家核安全局或地区监督站批准后通报营运单位及有关单位。通常由地区监督站对营运单位执行核安全检查报告的要求进行跟踪、核实，如有必要的，可对营运单位和/或有关单位所做的纠正措施提出书面意见。

根据生态环境部（国家核安全局）的《核与辐射安全监督检查工作指南》，我国核与辐射安全法律和行政法规规定的监管部门的处罚措施包括警告、罚款或没收违法所得、限期改进、停工或停业整顿、吊销核安全许可证件等。监管机构在必要时有权采取强制性措施，命令监管对象采取安全措施或停止危机安全的活动。

94 核安全法第七十四条规定“核安全监督检查人员执行监督检查任务，应当出示有效证件，对获知的国家秘密、商业秘密和个人信息，应当依法予以保密”，请问“有效证件”指什么？

《中华人民共和国民用核设施安全监督管理条例》第十六条规定，核安全监督员由国家核安全局任命并发给《核安全监督员证》。核安全监督检查人员执行监督检查任务时，应出示在有效期内的核安全监督员证。

根据《核与辐射安全监督检查人员证件管理办法》（中华人民共和国环境保护部令 第24号）的规定，核与辐射安全监督检查人员证件是核与辐射安全监督检查人员依法开展核与辐射安全监督检查资格和身份的证明，分为《核安全监督员证》和《辐射安全监督员证》。

95 核安全法第八十条规定“造成环境污染的，责令限期采取治理措施消除污染，逾期不采取措施的，指定有能力的单位代为履行，所需费用由污染者承担”，谁来指定有能力的单位代为履行放射性环境污染治理工作？

放射性污染是指由于人类活动造成物料、人体、场所、环境介质表面或者内部出现超过国家标准限值的放射性活度。放射性环境污染治理过程也是放射性污染去除的过程。

国务院核安全监督管理部门对违反核安全法规定造成环境污染的核设施营运单位，做出责令限期采取治理措施消除污染，存在逾期不采取措施消除污染的，将由国务院核安全监督管理部门、国务院生态环境主管部门或其他相关部门指定有能力的单位代为履行，所需费用由造成污染的核设施营运单位承担。同时，可对直接负责的主管人员和其他直接责任人员，处五万元以上二十万元以下的罚款。

96 核安全法第八十二条规定“违反本法规定，受委托的技术支持单位出具虚假技术评价结论的，由国务院核安全监督管理部门处二十万元以上一百万元以下的罚款；有违法所得的，没收违法所得；对直接负责的主管人员和其他直接责任人员处十万元以上二十万元以下的罚款”，请问委托人需承担哪些责任？

核安全法第三十二条规定，国务院核安全监督管理部门应当依照法定条件和程序，对核设施安全许可申请组织安全技术审查；同时第三十三条规定，受委托的技术支持单位应当对其技术评价结论的真实性、准确性负责。

核安全法第八十二条规定，受委托的技术支持单位出具虚假技术评价结论的，由国务院核安全监督管理部门处二十万元以上一百万元以下的罚款；有违法所得的，没收违法所得；对直接负责的主管人员和其他直接责任人员处十万元以上二十万元以下的罚款。

由于核设施的建造、运行涉及诸多复杂的技术问题，对其技术审查必须由具有相应专业技术能力、独立的技术支持单位承担，从而保证其技术意见具有科学性和公正性，最终为核安全监督管理决策提供坚实的技术基础。

技术支持单位必须与许可申请单位没有利益关系，彼此不应有与许可申请事项相关的关联性或业务来往，具有良好的职业操守，能够依据相关核安全法规标准进行客观、公正地审查，并及时提交技术审查结论，同时为该结论的真实性和准确性负责。如果核设施在建造、运行过程中出现了与技术审查报告不符的情况，技术支持单位需要承担相应的责任[①]。

本条款的目的在于确保核设施安全技术审查工作质量，明确受委托的技术支持单位的责任。法条中的“委托人”指的是国务院核安全监督管理部门，其职责在其他条款中已有相应规定。例如，核安全法第三十二条规定，国务院核安全监督管理部门应当依照法定条件和程序，对核设施安全许可申请组织安全技术审查，满足核安全要求的，在技术审查完成之日起二十日内，依法作出准予许可的决定。第三十三条规定，国务院核安全监督管理部门组织安全技术审查时，应当委托与许可申请单位没有利益关系的技术支持单位进行技术审评。

97 核安全法第九十条规定对核损害赔偿进行了规定，我国现有的法律法规是否有相应的规定？

为了保障公众的核损害受偿权，国际社会缔结了多项关于核损害赔偿的国际公约，包括国际原子能机构倡议的核损害赔偿维也纳公约体系和经济合作与发展组织核能署倡议的核能领域第三方责任的巴黎公约体系。世界上大多数核电国家已分别加入了上述公约。

目前，我国尚未加入任何上述国际公约体系。核安全法出台之前，《国务院关于核事故损害赔偿责任问题的批复》（国函〔2007〕64 号）是我国核损害赔偿的主要规范性文件，但其效力层级较低。核安全法本条规定公民、法人和其他组织受到核损害

① 许安标、刘华等:《中华人民共和国核安全法释义》，中国民主法制出版社，2017 年版。

有获得赔偿的权利，为我国核损害赔偿制度的构建提供了法律依据。核安全法第九十条进一步对核损害赔偿的赔偿主体和免责事由进行了规定。

98 核安全法第九十条规定“为核设施营运单位提供设备、工程以及服务等的单位不承担核损害赔偿责任”，为什么为核设施营运单位提供设备、工程以及服务等的单位不承担核损害赔偿责任？

核损害赔偿领域的“营运者唯一责任”原则是指核事故造成的损害责任完全由核设施营运者承担，核设施营运者以外的其他人，如为核设施营运者提供设备、工程、服务等的单位，都不承担核损害赔偿责任。有学者将之称为“营运者责任集中原则”。营运者作为核设施经营的直接受益人，如果其运营的核设施发生事故造成损害后果，理应由其承担相应后果。

同时营运者唯一责任可以避免诉讼引起的复杂和漫长的法律问题，以便在个案中确定谁承担法律责任，保证受害人迅速获得赔偿。而且，这种规定避免了除营运者以外可能与核装置建造或运行有关的其他人员办理保险的必要性，从而将可利用的保险资源集中起来。营运者唯一责任是核损害制度的核心基石，也是核工业赖以生存和发展的法律前提，是目前所有核损害国际公约承认的第一原则。除奥地利、印度等少数国家外，制定核责任法律的所有国家都接受了“营运者唯一责任”原则；美国相关制度产生的法律效果也基本上与此相同。我国也以国务院发文的形式规定了“营运者唯一责任”，这是我国当年引进国外先进核技术以及如今核电“走出去”的先决条件。

然而，唯一责任原则并不意味着其他对事故发生负有责任的第三人完全免于追索，核安全法第九十条规定：“为核设施营运单位提供设备、工程以及服务等的单位不承担核损害赔偿责任。核设施营运单位与其有约定的，在承担赔偿责任后，可以按照约定追偿。”

核损害赔偿责任属无过错责任，即无论核设施营运单位是否有过错，都要承担核损害赔偿责任。这是核损害赔偿严格责任的体现。核损害具有赔偿金额巨大、涉及地域较广、涉及人员众多等风险特点，损害过程隐蔽，致害机制复杂，认定责任主体的技术性和专业性较强，难度较大。核电站等核设施、核产品发生核事故造成损害的赔偿责任，与一般的产品责任不同，根据不少国家采用的处理核事故责任的两个国际公约，即《核能方面第三当事者责任公约》和《关于核损害的民事责任的维也纳公约》的规定，因核电站等核设施发生事故造成的核损害的赔偿责任，除公约另有规定情形外，应由核设施的经营者承担，而不是由核设备、核产品的提供者承担。我国没有参加上述两个公约。为了处理核电建设中的对外合同问题，1986 年《国务院关于处理第三方核责任问题给核工业部、国家核安全局、国务院核电领导小组的批复》（国函〔1986〕44 号）、2007 年《国务院关于核事故损害赔偿责任问题的批复》（国函〔2007〕64 号），两次批复的主要内容与《关于核损害的民事责任的维也纳公约》规定的基本原则大体相同，即营运者应当对核事故造成的人身伤亡、财产损失或者环境受到的损害承担赔偿责任。营运者以外的其他人不承担赔偿责任。这主要是为避免核损害发生后责任主体边界不清，相关方互相推责，延误对受害人的赔偿。本条规定核设施营运单位为唯一的责任主体，有利于在核事故发生后及时保护受害人的合法权益，维护社会稳定①。

99 核安全法第九十条规定“核设施营运单位应当通过投保责任保险、参加互助机制等方式，做出适当的财务保证安排，确保能够及时、有效履行核损害赔偿责任”，请问互助机制如何理解？

行业互助机制的本质是通过全行业的共同分担，筹集大量的赔偿资金，协助责任人应对事故损害赔偿。这种行业互助机制在美国的核损害赔偿相关法律中做出了规定。通常做法是要求所有核电运营单位提前确定好事故赔偿金分摊比例和分摊上限，但并不需要各单位提前垫付资金。在事故发生且赔偿金额超过发生核事故运营单位的财务保证限额或能力时，由互助机制的所有单位按提前确定的比例共同分摊赔偿资金。

目前，我国相关部门正在研究核电厂运营单位核损害赔偿互助机制运作方式。

100 核安全法第七章法律责任部分，违反核安全法如何进行罚款？罚款上交到哪个部门？

行政处罚法规定行政机关法给予行政处罚，应当制作行政

① 许安标、刘华等:《中华人民共和国核安全法释义》，中国民主法制出版社，2017年版。

处罚决定书。行政处罚决定书应当载明下列事项：①当事人的姓名或者名称、地址；②违反法律、法规或者规章的事实和证据；③行政处罚的种类和依据；④行政处罚的履行方式和期限；⑤不服行政处罚决定，申请行政复议或者提起行政诉讼的途径和期限；⑥做出行政处罚决定的行政机关名称和做出决定的日期。行政处罚决定书必须盖有做出行政处罚决定的行政机关的印章。行政处罚决定书应当在宣告后当场交付当事人；当事人不在场的，行政机关应当在七日内依照民事诉讼法的有关规定，将行政处罚决定书送达当事人。行政机关做出较大数额罚款等行政处罚决定之前，应当告知当事人有要求举行听证的权利；当事人要求听证的，行政机关应当组织听证。当事人不承担行政机关组织听证的费用。行政机关及其执法人员当场收缴罚款的，必须向当事人出具省、自治区、直辖市财政部门统一制发的罚款收据；不出具财政部门统一制发的罚款收据的，当事人有权拒绝缴纳罚款。

《行政事业性收费和罚没收入实行“收支两条线”管理的若干规定》规定：根据国家法律、法规和规章收取的行政事业性收费和罚没收入，属于财政性资金，均应实行财政“收支两条线”管理。即上述罚没收入按财政部门规定全额上缴国库或预算外资金财政专户，财政部门负责同级执收执罚单位预算外资金有关专用存款账户开设的管理和罚没收入的监缴工作。财政部驻各地财政监察专员办事机构负责对中央驻本地区单位行政事业性收费和罚没收入的监缴工作。

当事人应当自收到行政处罚决定书之日起十五日内，到指定的银行缴纳罚款。银行应当收受罚款，并将罚款直接上缴国库。

101 核安全法实施后，与之前的核安全领域相关法律法规是什么关系?

我国的核安全法律法规按照法律效力分为3个层级。第一层为全国人大制定的核安全有关法律，主要有《中华人民共和国核安全法》《中华人民共和国放射性污染防治法》。另外，原子能法正在制定中。第二层为国务院制定的核安全行政条例，主要有7个，包括《民用核设施安全监督管理条例》《核材料管制条例》《放射性同位素与射线装置安全和防护条例》《民用核安全设备监督管理条例》《核电厂核事故应急管理条例》《放射性物品运输安全管理条例》《放射性废物安全管理条例》。《电磁污染防治条例》正在制定中。第三层为国务院各部门发布的部门规章或重要国家标准。核安全部门规章按照设施及专业领域从0～9分为10个系列，基本囊括了核安全监管的主要内容，包括通用系列、核动力厂系列、研究堆系列、非堆核燃料循环设施系列、放射性废物管理系列、核材料管制系列、民用核安全设备监督管理系列、放射性物品运输管理系列、同位素核射线装置监督管理系列、电磁辐射污染控制系列和环境辐射监测系列。

核安全法出台前，我国核安全法律体系的顶层法律为2003年发布实施的《中华人民共和国放射性污染防治法》，该法对核能开发和利用过程中的核安全和辐射安全做了系统的原则性规定。核安全法的调整范围设定的基本原则是与现行有效的放射性污染防治法形成有效补充，共同构成核与辐射安全法规体系的上位法。主要考虑是:

（1）对《中华人民共和国放射性污染防治法》中的核安全重

要内容开展深化、细化。例如，核设施安全作为全产业链最重要的领域，在放射性污染防治法中仅有10条体现，比较宏观，缺少专业具体要求，无法适应我国核电大发展的现实需求，也无法体现核设施安全的极端重要性；又如，运输安全内容只有授权性条款，规定不够深入具体；再如，放射性废物安全相关规定落后于国际社会最近发展趋势要求。对于这些内容，均需要在核安全法中予以补充。

（2）避免与《中华人民共和国放射性污染防治法》的内容相重合，甚至相冲突。在《中华人民共和国放射性污染防治法》中，对放射性同位素和射线装置的安全管理做了较为全面的规定，没有必要在核安全法中重新做出规定；另外，有关铀（钍）矿和伴生放射性矿的辐射防护问题，基本属于环境问题，在《中华人民共和国放射性污染防治法》中也做了较为充分的规定，没有必要在核安全法中再行规定。

附　录

《中华人民共和国核安全法》